KÖNIGS ERLÄUTERUNGEN
Band 176

Textanalyse und Interpretation zu

Friedrich Hebbel

MARIA MAGDALENA

Magret Möckel

Alle erforderlichen Infos für Abitur, Matura, Klausur und Referat
plus Musteraufgaben mit Lösungsansätzen

Bange Verlag

Zitierte Ausgabe:
Hebbel, Friedrich: *Maria Magdalena*. Husum/Nordsee: Hamburger Lesehefte Verlag, 2008 (Hamburger Leseheft Nr. 110). Zitatverweise sind mit **HL** gekennzeichnet.
Hebbel, Friedrich: *Maria Magdalena*. Stuttgart: Philipp Reclam jun., 2015 (Reclams Universalbibliothek Nr. 3173). Zitatverweise sind mit **R** gekennzeichnet.

Über die Autorin dieser Erläuterung:
Magret Möckel, geboren 1952 in Lindau an der Schlei (Schleswig-Holstein), Studium der Germanistik und Anglistik an der Universität in Hamburg. Seit 1979 Lehrerin für Deutsch und Englisch, erst an einem Gymnasium in Vechta, dann in Friesoythe, ab 2003 bis 2017 an der Graf-Anton-Günther-Schule in Oldenburg. Ihr Unterrichtsschwerpunkt lag auf dem Deutschunterricht in der Oberstufe. Sie leitete an dieser Schule die Fachgruppe Deutsch und hat mehrere Jahre in der Kommission für die zentralen Abiturarbeiten im Fach Deutsch (Niedersachsen) mitgearbeitet. Frau Möckel ist verheiratet und hat zwei Kinder.

1. Auflage 2018
ISBN: 978-3-8044-2044-1
PDF: 978-3-8044-6044-7, EPUB: 978-3-8044-7044-6

Titelabbildung: Hebbel-Drama *Maria Magdalena* im MGT Berlin 2007.
Die Schauspieler (v. l.) Ruth Reinecke als Frau des Tischlers Anton, Jörg Kleemann als dessen Sohn Karl und Anika Baumann als dessen Tochter Klara © picture-alliance / ZB
Druck und Weiterverarbeitung: Tiskárna Akcent, Vimperk

1. DAS WICHTIGSTE AUF EINEN BLICK – SCHNELLÜBERSICHT

Damit sich jeder Leser in unserem Band rasch zurechtfindet und das für ihn Interessante gleich entdeckt, hier eine Übersicht:

Im zweiten Kapitel beschreiben wir Friedrich Hebbels Leben und stellen den zeitgeschichtlichen Hintergrund dar.

⇨ S. 10 ff.

Hebbel entstammt einer kleinbürgerlichen Maurerfamilie in Dithmarschen. Sein Leben ist geprägt von Armut, vollständiger Mittellosigkeit, später aber auch materieller Sicherheit durch die Ehe mit Christine Enghaus. Er kennt alle sozialen Schichten und hat verschiedene Beziehungen zu Frauen. Als Schriftsteller beginnt er autodidaktisch, entwickelt sich dann aber zum sehr engagierten und erfolgreichen Dramatiker.

⇨ S. 14 ff.

Hebbel lebt in einer Zeit gesellschaftlicher und politischer Umbrüche. Sein schriftstellerisches Werk ist der Zeit des poetischen Realismus zuzuordnen. Allerdings greift er zurück auf Merkmale und Themen des Vormärz, weist aber auch voraus auf den Naturalismus.

⇨ S. 17 ff.

Das Drama *Maria Magdalena* gehört zum Typus des bürgerlichen Trauerspiels und reiht sich thematisch ein in die Literatur mit dem Motiv der Kindermörderin. Auch Elemente des analytischen Dramas sind enthalten.

Im dritten Kapitel bieten wir eine Textanalyse und -interpretation.

Maria Magdalena – Entstehung und Quellen:

⇨ S. 25 ff.

Die Gestaltung vieler Personen und Geschehnisse sind den Erlebnissen und Erfahrungen Hebbels nachempfunden. Das gilt sowohl für seinen Vater, der Meister Anton ähnlich ist, als auch für die eigene Person, deren Denkweise und Entscheidungen sich in den männlichen Gestalten Karl, Leonhard und Friedrich wiederfinden lassen. Die Hauptfigur Klara und ihre nichteheliche Schwangerschaft erinnert an seine Geliebte Elise Lensing aus Hamburg, die er verlassen hat, obwohl sie ihn treu unterstützt hatte und Mutter von zwei Söhnen von ihm war. Begebenheiten (Diebstahl) und Personen (Vermieter Tischlermeister Anton Schwarz; Liebesbeziehung zu dessen Tochter Beppi) seines Aufenthalts in München sind ebenfalls im Drama zu entdecken. Hebbel kannte außerdem einschlägige literarische Vorbilder zum Typus des bürgerlichen Trauerspiels und zum Kindermörderinnen-Thema.

Inhalt:

Klara hat dem Drängen ihres Verlobten Leonhard nachgegeben und ist von ihm schwanger. Als der Bruder Karl eines Diebstahls verdächtigt wird, stirbt die Mutter und der Vater sorgt sich um die Ehre der Familie. Leonhard nutzt die Gelegenheit und löst die Verlobung mit Klara, weil er erfahren hat, dass sie kein Geld mit in eine Ehe bringt. In dieser Situation lässt Meister Anton seine Tochter schwören, dass sie keinerlei Schande über die Familie bringt. Klara versucht verzweifelt, Leonhard zur Heirat zu überreden, damit der Vater seine Ankündigung, Selbstmord zu begehen, nicht wahr macht. Auch das Treffen mit dem ehemaligen Jugendfreund, dem Sekretär, führt zu keiner Lösung für Klara, aber zum Duell zwischen Leonhard und dem Sekretär. Beide Männer verletzen sich lebensgefährlich. Als sich herausstellt, dass Karl zu Unrecht verdächtigt wurde, ist es zu spät: Klara begeht Selbstmord im Brunnen, um die uneheliche Schwangerschaft zu vertuschen und ihren Vater zu retten. Aber es gibt Zeugen, die nicht an einen Unfall glauben. Meis-

⇨ S. 30 ff.

ter Anton bleibt verbittert, ohne jedes Verständnis oder Einsicht in eigenes Fehlverhalten zurück.

Chronologie und Schauplätze:

⇨ S. 40 ff.

Das Drama enthält drei Akte, die den Zeitraum von etwa einer Woche abdecken. Es endet mit der Katastrophe, dem Tod Klaras. Die Anzahl der Personen ist sehr begrenzt und entstammt ausschließlich dem Stand der Bürgerlichen. Auch die Schauplätze sind dieser Lebenssphäre zuzuordnen.

Personenkonstellation und Charakteristiken:

⇨ S. 53 ff.

Die im Drama gezeigte bürgerliche Familie verhält sich der damaligen festgefügten Rollenverteilung entsprechend. Nur der Sohn Karl versucht einen Ausbruch. Bürgerliche Moral und feste Ehrvorstellungen bestimmen Ansichten und Leben der Personen. Das gilt insbesondere für den Vater, Meister Anton. Mutter und Tochter ordnen sich ihm unter und entwickeln keine Eigenständigkeit. Sie leiden und dulden. Klaras Verlobter Leonhard entpuppt sich als intriganter und skrupelloser Mensch, während Karl und Friedrich ihre persönlichen Freiheiten suchen.

Stil und Sprache:

⇨ S. 69 ff.

Im Drama vorherrschend ist der antithetische und durch reiche Bildlichkeit geprägte Stil, eine Fülle von gezielt eingesetzten Stilmitteln ist zu beobachten. Die Kommunikation der Figuren entsteht miteinander, mit den Zuschauern und als Regieanweisung mit den Schauspielern und Dramaturgen. Klara als Hauptfigur wird im Laufe der tragischen Entwicklungen immer stummer, die Figuren reden beiseite oder aneinander vorbei. Dadurch wird deutlich, dass durch Kommunikation kein Problem gelöst wird.

Interpretationsansätze:

- → Der Titel des Dramas: Maria Magdalena ist eine biblische Figur, die aber verschiedene Zuordnungen erfahren hat; Bezüge zwischen der biblischen Figur und der Heldin Klara werden hergestellt. ⇨ S. 77 ff.
- → Der tragische Konflikt und die Konfliktlage Klaras: Wichtiger Punkt für die Einordnung des Dramas in die zweite Phase des bürgerlichen Trauerspiels. ⇨ S. 79 ff.
- → Die Rolle von Geld und Besitz für die Entwicklung der Handlung in bürgerlichen Trauerspielen grundsätzlich und genau in diesem Drama: Dieser Aspekt ist in der neueren Forschung intensiv aufgegriffen worden und nimmt zeitgenössische Fragen auf. ⇨ S. 83 ff.
- → Das Verhältnis zwischen Gesellschaft und Individuum: Hebbel zeigt in seinem Drama, dass der Einzelne scheitern muss, wenn gesellschaftliche Ansprüche und Normen absolut gesetzt werden. ⇨ S. 86 ff.
- → Diskussion der literaturhistorisch interessanten Frage nach der Beziehung zwischen Vätern und Töchtern: Es wird ein Abriss über exemplarische Dramen (Aufklärung bis ausgehendes 20. Jahrhundert) mit dieser spezifischen familiären Personenkonstellation gegeben, die Rollenerwartungen an Väter und Töchter im Laufe der Zeit dargestellt und gezeigt, welche Veränderungen sich durch Normenwandel und Individualisierungsprozesse ergeben. ⇨ S. 91 ff.

Friedrich Hebbel (1813–1863)

2. FRIEDRICH HEBBEL: LEBEN UND WERK

2.1 Biografie

JAHR	ORT	EREIGNIS	ALTER
18. 03. 1813	Wesselburen (Norderdithmarschen)	Geburt Christian Friedrich Hebbels (Vater: Claus Friedrich Hebbel, Mauer; Mutter: Antje Margaretha)	
1819–1827	Wesselburen	Besuch der Dorfschule, Maurertätigkeit	6–14
1827	Wesselburen	Tod des Vaters, Hebbel wird Hausbursche beim Kirchspielvogt, später Schreiber	14
1828	Wesselburen	erste Veröffentlichung eines Gedichtes (*Schmerz und Welt*) im „Dithmarser und Eiderstedter Boten", weitere Gedichtveröffentlichungen folgen	15
1835	Hamburg	Amalie Schoppe wird Hebbels Mäzenin, holt ihn nach Hamburg, druckt Lieder und Balladen von ihm ab, ermöglicht ihm weitere Bildung Beginn der Beziehung zu Elise Lensing (Putzmacherin, Stieftochter seines Vermieters) Beginn der Tagebücher Hebbels	22
1836	Heidelberg	Gaststudium (Jura) 12.–29. 09.: Wanderung von Heidelberg nach München	23
1836	München	Vorlesungen (Literatur und Philosophie) Verhältnis mit Josephine Schwarz (Beppi), Tochter des Tischlermeisters Anton Schwarz	23
1838	Wesselburen	Tod der Mutter	25
1839	Hamburg	Rückkehr nach Hamburg, Fußmarsch von München nach Hamburg, Hebbel lebt bei Elise Lensing	26

JAHR	ORT	EREIGNIS	ALTER
1840	Berlin	Uraufführung des Schauspiels *Judith*	27
1840	Hamburg	Geburt des Sohnes Max (Mutter: Elise Lensing)	27
1841	Hamburg	*Judith* (Tragödie) erscheint Arbeit am Lustspiel *Der Diamant* (erscheint 1847)	28
1842	Hamburg	erste Gedichtsammlung erscheint Arbeit an *Moloch* (Dramenfragment)	29
1842	Kopenhagen	nach dem Erfolg von *Judith* Stipendium des dänischen Königs Christian VIII., das ihm Reisen nach Paris (1843/44) und Italien (1844/45) ermöglicht	29
1843	Hamburg	*Genoveva* (Tragödie) erscheint (Uraufführung 1849) *Mein Wort über das Drama* (Heiberg-Kontroverse)	30
1843	Hamburg	Tod des Sohnes Max	30
1844	Hamburg	***Maria Magdalena** (Ein bürgerliches Trauerspiel)* **erscheint** Geburt des zweiten Sohnes Ernst (Mutter: Elise Lensing)	31
1844	Rom	Reise nach Rom über Paris und Marseille	31
1845	Wien	Übersiedung nach Wien, Bruch mit Elise, Beziehung zur Burgtheater-Schauspielerin Christine Enghaus	32
1846	Wien	Ehe mit Christine Enghaus 27. Dezember: Geburt des dritten Sohnes Emil (Mutter: Christine Hebbel, geb. Enghaus), dieser stirbt nach wenigen Tagen Dissertation bei der Universität Erlangen	33
1846	Königsberg	**Uraufführung** des Dramas ***Maria Magdalena***	33

JAHR	ORT	EREIGNIS	ALTER
1847	Wien	Tod des Sohnes Ernst, Elise Lensing wohnt mehr als ein Jahr zusammen mit Hebbel und dessen Ehefrau Christine Geburt der Tochter Christine (genannt: Titi; Mutter: Christine Hebbel)	34
1848		*Neue Gedichte* (Gedichtsammlung)	35
1848	Wien	Aufführung der *Maria Magdalena* am Burgtheater (Christine Hebbel in der Rolle der Klara)	35
1849	Wien	Hebbel wird Feuilletonredakteur der „Österreichischen Reichszeitung" Freundschaft mit Emil Kuh (erste Monografie und Werkausgabe Hebbels)	36
1850	Wien	*Herodes und Mariamne* (Tragödie) erscheint (Uraufführung 1849)	37
1851		*Julia* (Tragödie), *Der Rubin* (Märchenlustspiel) und *Ein Trauerspiel in Sizilien* erscheinen	38
1852	Venedig, Mailand	Reisen nach Venedig und Mailand	39
1852	Wien	Uraufführung von *Agnes Bernauer (Ein deutsches Trauerspiel)*	39
1854	Hamburg	Tod Elise Lensings	41
1855	Wien	*Michel Angelo* (Drama) erscheint	
1855	Gmunden am Traunsee	kleines Landhaus als Sommersitz *Erzählungen und Novellen* erscheinen	42
1856	Wien	*Gyges und sein Ring* (Tragödie) erscheint (Uraufführung 1889)	43
1857	Hamburg, Weimar, Frankfurt, Stuttgart	Reisen, Begegnung mit Schopenhauer, Eduard Mörike, Carl Friedrich Wilhelm Jordan	44

JAHR	ORT	EREIGNIS	ALTER
1859	Weimar und Krakau	Reisen	46
1859		*Mutter und Kind* (Versepos) erscheint	
1860	Paris	Reise nach Paris	47
1862	 London	*Die Nibelungen (Ein deutsches Trauerspiel in drei Abteilungen)* erscheint (Uraufführung 1861) Reise nach London (Weltausstellung)	49
1863		Verleihung des Schillerpreises für *Die Nibelungen;* Arbeit am *Demetrius* (Tragödienfragment)	50
1863	Wien	Tod am 13. 12.	50

Friedrich Hebbel entstammt einer kleinbürgerlichen Maurerfamilie in Dithmarschen, Schleswig-Holstein. Sein Leben ist geprägt von Armut (Fußmärsche quer durch Deutschland), vollständiger Mittellosigkeit, aber auch materieller Sicherheit durch die Ehe mit Christine Enghaus. Er kennt alle soziale Schichten und hat verschiedene Beziehungen zu Frauen (opferbereite Elise Lensing, hingebungsvolle Beppi, Schauspielerin Christine Enghaus, Mäzenin: Amalie Schoppe). Seine drei Söhne sterben früh, nur die Tochter überlebt. Als Schriftsteller beginnt er autodidaktisch, entwickelt sich dann aber zum sehr engagierten und erfolgreichen Dramatiker. Unterstützung erfährt er u. a. durch den dänischen König Christian VIII. (Reisestipendien), dem er sein Drama *Maria Magdalena* „in tiefster Ehrfurcht" (vgl. HL S. 5 f./R S. 29–32) widmet. Im Laufe seines Lebens begegnet er vielen wichtigen Literaten im In- und Ausland, wohin verschiedene Reisen ihn führen.

2.2 Zeitgeschichtlicher Hintergrund

ZUSAMMEN-FASSUNG

Die Lebenszeit Hebbels ist geprägt durch politische, soziale und wirtschaftliche Umbrüche:

→ Märzrevolution 1848
→ Anwachsen des Proletariats, Aufstieg des Großbürgertums
→ Beginn der Industrialisierung

Die literaturgeschichtlichen Strömungen der Zeit sind:

→ Vormärz
→ Poetischer Realismus
→ Vorbereitung der klassischen Moderne, Naturalismus

Durch seine Werke gehört Hebbel „gleichermaßen zur Zeit vor und nach der Revolution"[1].

Literaturgeschichtliche Einordnung/Zeitgeschehen

Vormärz

Junges Deutschland

Der Beginn und die Mitte des 19. Jahrhunderts werden historisch durch die „Restauration"[2] und die Märzrevolution 1848 geprägt. Diese Zeit wird in der literarischen Bewegung des Vormärz intensiv begleitet und aufgenommen. Zu den wichtigen Vertretern dieser Zeit gehören **Heinrich Heine**[3], **Christian Dietrich Grabbe** und **Georg Büchner**, die durch kritische und politische Schriften das Zeitgeschehen begleiten. Die Autoren des Jungen Deutschland haben mit Publikationsverboten und Verfolgung zu kämpfen. Grabbe

---

1 Cowen, Roy C.: *Das deutsche Drama im 19. Jahrhundert*. Bd. 247. Stuttgart: Metzler, 1988, S. 128.
2 Versuch der Wiederherstellung von geordneten Verhältnissen nach Napoleon und dem Wiener Kongress
3 Hebbel begegnete Heine in Paris.

Das Drama *Maria Magdalena* ist verschiedenen literarischen Traditionen und Motiven zuzuordnen:

Das bürgerliche Trauerspiel

- **1. Phase:** Zeit der Aufklärung und des Sturm und Drang/Konflikt zwischen Bürgerlichen und Adel
  Vertreter: Lessing, *Miss Sarah Sampson*, Schiller, *Kabale und Liebe*
- **2. Phase:** Zeit des Realismus/Konflikt zwischen den Bürgerlichen
  Vertreter: Hebbel, *Maria Magdalena*
- **3. Phase:** Zeit des Naturalismus/Konflikt zwischen Arbeitern, und Bürgerlichen (Sozialdrama)
  Vertreter: Hauptmann, *Rose Bernd*, *Die Ratten*

Das analytische Drama, Enthüllungsdrama

- Der Konflikt ist bedingt durch verschiedene Handlungselemente und Ereignisse, die schon vor Beginn der Dramenhandlung geschehen sind. Es gibt Zeitsprünge und Auslassungen.
- Beispiele: Ibsen, *Nora*; *Gespenster*; Strindberg, *Fräulein Julie*

Motiv der Kindermörderin

- Konstellation der unehelichen Schwangerschaft mit anschließendem Kinds- und/oder Selbstmord als einziger Ausweg aus dem Dilemma
- Sturm und Drang: Wagner, *Die Kindermörderin*, Realismus: Hebbel, *Maria Magdalena*, Naturalismus: Hauptmann, *Rose Bernd*
- Das Kindermörderinnenmotiv ist gattungsmäßig nicht beschränkt auf das Drama und lässt sich bis in die literarische Gegenwart verfolgen.

Zeitgeschehen/realistische Darstellung der Wirklichkeit

- Gesellschaftsutopie, soziale und normative Umbrüche
- Frauenfrage
- Ästhetische und moralische Erziehung

und Büchner sind Wegbereiter des modernen Dramas insofern, als sie sowohl dramaturgisch als auch ästhetisch und inhaltlich neue Wege einschlagen. Büchners *Woyzeck* hat den ersten proletarischen Helden der Dramengeschichte. Nationale Fragen, das beginnende

Zeitalter der Industrialisierung und die soziale Frage durch die in den Blick rückende Arbeiterbewegung bilden thematische Schwerpunkte der Literatur.

Zeit des Realismus

Friedrich Hebbel gehört als Schriftsteller in die Zeit des Realismus. Diese literarische Epoche hat vor allem epische Texte (Romane und Novellen, z. B. von **Theodor Fontane**) hervorgebracht, die die ökonomische und soziale bürgerliche Welt der Zeit abbilden. Vor allem im Bildungsroman[4] wird geschildert, dass das Individuum sich an die Gegebenheiten der Welt anpassen und erkennen muss, dass individuelle Bedürfnisse illusionär und unterzuordnen sind. Während aber die Prosa-Texte Hebbels (*Erzählungen und Novellen*, 1855) eher als schwach bewertet werden, schließt er mit seinen Dramen eine Entwicklung der deutschen Tragödie ab, die mit Lessing ihren Anfang nahm. **Hebbel** wird so zu einem der **wichtigsten Dramatiker** seiner Zeit.

Einziges bürgerliches Trauerspiel Hebbels: *Maria Magdalena*

Der bürgerliche Realismus hat die Entwicklung von Charakteren und deren Beziehung zur Umwelt und zur Gesellschaft zum Thema. Während Hebbel auf der einen Seite die Tradition des bürgerlichen Trauerspiels aufgreift, nimmt er andererseits durch die Konzeption der Handlung in *Maria Magdalena* die **analytischen Dramen Henrik Ibsens** und **August Strindbergs** und die **naturalistischen Sozialdramen Gerhart Hauptmanns** vorweg. *Maria Magdalena* ist **das einzige Sozialdrama Hebbels**. Alle anderen seiner Dramen haben **biblische, mythische** oder märchenhafte Stoffe und sind eher **einem Idealismus der deutschen** Klassik verschrieben.

---

4 z. B. Gustav Freytag, *Soll und Haben* (1855)

Einordnung des Dramas in die Tradition der bürgerlichen Trauerspiele

Maria Magdalena gehört als wichtiges Drama in die Reihe der bürgerlichen Trauerspiele, die unter dem **Einfluss der englischen moralischen Sittenromane und Dramen** – George Lillos *The London Merchant,* (1731) und Edward Moores *The Gamester* (1753) –, der französischen Komödie und vor allem unter der Bedingung des erstarkenden und zunehmend **selbstbewussteren bürgerlichen Standes** auch in Deutschland entstehen.

Kennzeichen des bürgerlichen Trauerspiels

Hauptfiguren	Konflikt	Tragisches Ende
➯ **Bürgerliche** sind Hauptfiguren des Dramas. ➯ Die Geschehnisse sind in der **bürgerlichen Lebenssphäre** angesiedelt. ➯ **Normen, Ideale und Wertvorstellungen** der Bürgerlichen werden deutlich. ➯ Die bürgerlichen Familienmitglieder vertreten feste **Rollen**. Häufig bildet die Beziehung zwischen **Vater und Tochter** eine dramatische Achse.	➯ Der Konfliktstoff entsteht **in einer betont bürgerlichen Welt.** ➯ Er entwickelt sich in der Auseinandersetzung mit dem **Adel** (1. Phase), dem **eigenen Stand** (2. Phase) oder im Zusammenstoß mit dem aufkommenden **Arbeiterstand** (3. Phase). ➯ Der tragische Held befindet sich in der Auseinandersetzung zwischen **privaten** Wünschen und **gesellschaftlichen** Zwängen.	➯ Das Dilemma des Helden (häufig weibliche Charaktere) lässt sich **nicht lösen**, die **Katastrophe** ist unabwendbar. ➯ Die Katastrophe ist häufig durch übersteigerte **Ehr- und Tugendvorstellungen** bedingt. ➯ Tragik wird durch Schicksal, durch das Innere der Figuren, durch moralische Kategorien verursacht.

Entwicklung des bürgerlichen Trauerspiels in Deutschland

Als erstes deutsches bürgerliches Trauerspiel gilt **G. E. Lessings *Miss Sara Sampson*** (1755), dem 1767 das Lustspiel *Minna von Barnhelm* folgte. Den typischen tragischen Konflikt zwischen Bürger-

1. Phase:
Willkürherrschaft des Adels über den bürgerlichen Stand

lichen und Adligen findet man im ersten Höhepunkt des bürgerlichen Trauerspiels bei **Lessings *Emilia Galotti*** (1772), **Friedrich Schillers *Kabale und Liebe*** (1784) und Dramen von **J. M. R. Lenz**, **F. M. Klinger** und **H. L. Wagner** (*Die Kindermörderin*). In diesen Dramen wird die Willkürherrschaft des meist unmoralischen Adels über den unterdrückten, in enger Familienbindung lebenden bürgerlichen Stand dargestellt. Scharfer Protest wird an sozialen und politischen Missständen geübt. Darüber hinaus zeigen sie das Scheitern des Individuums bei einer Auflehnung gegen die strikte Ständeordnung. Jeder Versuch der Überwindung von Standesgrenzen muss fehlschlagen.

2. Phase: Individuum wird Opfer der eigenen Gesellschaft

Hebbel repräsentiert mit seinem Drama ***Maria Magdalena*** (1844) eine zweite Phase des bürgerlichen Trauerspiels, in der der Konflikt nicht mehr in der Auseinandersetzung mit einem anderen Stand entsteht, sondern sich innerhalb des bürgerlichen Standes abspielt. Hier wird das Individuum Opfer der eigenen Gesellschaft, da kleinbürgerliche Moral und nach außen gerichtetes Ehrgefühl sich gegen den Menschen wenden, der aus der Enge und Starrheit dieser Regeln ausbrechen will und muss. Die bürgerliche Familie ist nicht mehr Schutzraum, sondern lebt „im Klima der Rigidität“[5]. Bürgerliche Ethik bestimmt zwar immer noch das Handeln, aber die Welt hat sich verändert. Statt des Zusammenhalts und der Emanzipation bestimmen Streit, Druck, Unterordnung und Unverständnis das Zusammenleben in der Familie. Hebbel hat seinem Drama den Untertitel *Ein bürgerliches Trauerspiel in drei Akten* gegeben, um nicht den Eindruck entstehen zu lassen, es handle sich um einen biblischen Stoff. Er formuliert ausdrücklich die „Absicht, das bürgerliche Trauerspiel zu regenerieren und zu zeigen, dass auch

---

5 Pilling, Claudia: *Hebbels Dramen*. Historisch-kritische Arbeiten zur Deutschen Literatur (hg. von Herbert Kraft), Bd. 26. Frankfurt am Main: Peter Lang, 1998, S. 93.

im eingeschränktesten Kreis eine zerschmetternde Tragik möglich ist, wenn man sie nur aus den rechten Elementen aus den diesem Kreise selbst angehörigen, abzuleiten versteht."[6]

3. Phase: Konflikte zwischen Bürgerlichen und Arbeitern

Eine dritte Phase des bürgerlichen Trauerspiels wird in der Zeit des Naturalismus erreicht und am einprägsamsten im deutschsprachigen Raum von **Gerhart Hauptmann** (z. B. *Rose Bernd*, 1903, *Vor Sonnenaufgang*, 1889 u. a.) vertreten. Die Konflikte entstehen hier zwischen den selbstzufriedenen, häufig zu Reichtum gelangten und unmoralischen Bürgerlichen und den Arbeitern, die rechtlos und ausgeliefert sind. Lebenslügen und gesellschaftliche Missstände werden schonungslos offenbart, vorgetäuschte Ehrbarkeit und echtes Bemühen um Moralität und Normtreue einander gegenübergestellt. Mit dieser dritten Phase wird das bürgerliche Trauerspiel zum **sozialen Drama**.

Spätere Phasen: Soziale Dichtungen, Satiren, Gesellschaftsgrotesken

In **späteren Phasen** wird das bürgerliche Trauerspiel abgelöst durch soziale Dichtungen. Durch Überzeichnung und Verzerrung wird Kritik an brüchigen Lebensformen und überkommenen Zuständen geübt. Dies drückt sich in Form von Satiren und Gesellschaftsgrotesken wie z. B. in **Bertolt Brechts** ***Die Kleinbürgerhochzeit*** oder in *Die sieben Todsünden* aus. Andere Vertreter sind **Frank Wedekind, Carl Sternheim, Georg Kaiser, Ernst Toller** und **Walter Hasenclever**.

Spätere Varianten, z. B. das Drama *Maria Magdalena* von **Franz Xaver Kroetz** (1972), zeigen deutliche parodistische und satirische Elemente.

---

6 Hebbel, Friedrich: Tagebucheintrag, 4. Dez. 1843, zitiert nach Guthke, Karl S.: *Das deutsche bürgerliche Trauerspiel*. Sammlung Metzler, Band 111. Weimar: Verlag J. B. Metzler, 2006 (6. Auflage), S. 131.

Das Kindermörderinnen-Thema

Aufbegehren gegen rigide gesellschaftliche Vorstellungen

Das Schicksal lediger Mütter und ihrer Kinder ist seit dem Sturm und Drang für Schriftsteller von großem Interesse. Die Darstellung dieser Schicksale war in der Regel motiviert durch ein Aufbegehren gegen gesellschaftliche Vorstellungen und Regeln, die sich gegen den einzelnen Menschen richteten und ihn in eine ausweglose Lage brachten. Die nachfolgend aufgeführten Titel haben gemeinsam, dass die Verführung der Mädchen und deren Schwangerschaft einen Sittenverstoß darstellen, der zur Ausgrenzung aus der bürgerlichen Gesellschaft führt und damit die verzweifelten Mädchen zum Kindesmord bzw. zum Selbstmord veranlasst. Die Gründe für das Zustandekommen der Schwangerschaft sind dabei unterschiedlich. Sie reichen von Liebe über Naivität bis hin zur Vergewaltigung. Allen Kindermörderinnen ist allerdings gemeinsam, dass sie sich in ihrer Not keinem, nicht einmal Familienmitgliedern anvertrauen dürfen, ja sogar von ihnen unter Druck gesetzt werden, von den jeweiligen Männern verlassen werden und mit der Alleinschuld fertig werden müssen. Die Konsequenzen der unehelichen Schwangerschaft bestehen im Ehrverlust für sich und die ganze Familie, damit Ausschluss aus der bürgerlichen Gesellschaft und Verlust von sozialem Status, miserablen Zukunftsaussichten für das ungeborene bzw. uneheliche Kind. Die Intention der Texte mit Kindermörderinnen-Motiv besteht u. a. darin, Bedingungen des Sittenverstoßes aufzuzeigen, aufzurütteln, zu warnen und um Verständnis für ledige Kindsmütter zu werben.

Es gibt auch eine Vielzahl von lyrischen und epischen Texten (vgl. dazu die Materialien dieser Erläuterung S. 98) neben den hier beispielhaft aufgeführten dramatischen Fassungen:

J. M. R. Lenz: *Der Hofmeister* (bürgerliches Trauerspiel), 1774
H. L. Wagner: *Die Kindermörderin* (bürgerliches Trauerspiel), 1776
J. W. Goethe: *Faust* (Drama), 1806

G. Büchner: *Woyzeck* (Drama), 1836
F. Hebbel: *Maria Magdalena* (bürgerliches Trauerspiel), 1844
G. Hauptmann: *Rose Bernd* (Sozialdrama), 1903[7]

Das analytische Drama/Enthüllungsdrama

Das dramatische Geschehen besteht im Wesentlichen in der Enthüllung und sukzessiven Aufdeckung vergangener Ereignisse, die ein tragisches oder komisches Ende provozieren.

Enthüllung vergangener Ereignisse, die für den Ausgang des Dramas entscheidend sind

Als Beispiel kann das antike Drama ***König Ödipus*** von **Sophokles** dienen. Mit dem ausgehenden 19. Jahrhundert wird diese Dramenform genutzt, um zu zeigen, wie der Einzelne dem Schicksal ausgeliefert ist bzw. wie ihn die Vergangenheit einholt. Ein wichtiges Beispiel ist hier das Drama ***Nora*** von **Henrik Ibsen**.

Auch bei **Friedrich Hebbels *Maria Magdalena*** gibt es viele Handlungselemente, die vor Beginn der eigentlichen Dramenhandlung geschehen sind, das tragische Ende jedoch unmittelbar beeinflussen. Dazu gehören die Verführung Klaras, die Auseinandersetzung Antons mit dem Gerichtsdiener, die schwere Krankheit der Mutter.[8] Erst im Laufe der Dramenhandlung werden die jeweiligen Geschehnisse aufgedeckt und in ihrer Relevanz für das Dilemma Klaras und den tragischen Konflikt erkennbar.

7 Weitere Texte: Vgl. Klinge, Reinhold in: Wagner, H. L.: *Die Kindermörderin*. Text und Arbeitsbuch. Frankfurt am Main: Hirschgraben Verlag, 1983.
8 Vgl. die Zusammenstellung der zurückliegenden Handlung S. 38 f. dieser Erläuterung.

2.3 Angaben und Erläuterungen zu wesentlichen Werken

Agnes Bernauer (Uraufführung 1852)

Konflikt zw. Individuum und Gemeinschaft

Das Drama thematisiert den Konflikt zwischen dem Recht des Einzelnen und dem Interesse der Gemeinschaft anhand des alten Stoffes (aus dem 15. Jahrhundert) der Beziehung der schönen Bürgertochter Agnes Bernauer zu dem Sohn des Herzogs von Bayern. Die Liebe zwischen beiden mündet in die Ehe, die sich über alle Standesschranken hinwegsetzt. Der alte Herzog jedoch veranlasst aus Gründen der Staatsräson, dass Agnes zum Tode verurteilt wird.

Gyges und sein Ring (Uraufführung 1889)

Unvereinbarkeit von Welt- und Selbstverständnis

Der alte Stoff von Herodot (5. Jh. v. Chr.) wird zu einer allgemein menschlichen Handlung verarbeitet, in der die Unvereinbarkeit von Welt- und Selbstverständnis zweier Personen zum tragischen Ausgang führt. Kandaules, König von Lydien, nimmt als kühner Neuerer keine Rücksicht auf die Ehrfurcht seines Volkes vor der Tradition. Doch während er sich gegen das Volk durchzusetzen scheint, wird ihm seine moderne Einstellung im privaten Bereich zum Verhängnis. Als sein griechischer Freund Gyges ihm einen unsichtbar machenden Ring schenkt, drängt Kandaules Gyges, ihn in das Schlafzimmer der Königin Rhodope zu begleiten, um diese unverschleiert zu sehen. Damit verstößt er gegen die Sitte.

Nachdem Rhodope Gyges davon überzeugt hat, dass der Tod Kandaules' der einzige Ausweg ist, diese Sittenverletzung zu sühnen, fordert Gyges den König zum Kampf heraus und tötet ihn dabei. Als Gyges, dem inzwischen die Krone Lydiens angetragen wurde, mit Rhodope vor dem Altar getraut wird, nimmt sich Rhodope das Leben, um dem mythischen Gesetz der absoluten Reinheit zu genügen.

Herodes und Mariamne (Uraufführung 1849)

Diese im Blankvers verfasste Tragödie hielt Hebbel selbst für sein Meisterwerk. Herodes, der despotische und misstrauische König von Judäa, verlangt von seiner Frau Mariamne, dass sie sich im Falle seines Todes selbst umbringt. Sie ist tief verletzt über seine Haltung, die sie zu einem kostbaren Besitz degradiert. Obwohl sie ihn liebt und ihm zweimal verzeiht, ändert Herodes seine Haltung nicht und verfügt ihren Tod, als er in den Krieg ziehen muss. Mariamne rächt sich, nimmt dann aber widerspruchslos das Todesurteil bei seiner Heimkehr hin. In Mariamnes Todesstunde gibt Herodes den Befehl zum Kindermord in Bethlehem (vgl. Weihnachtsgeschichte der Bibel).

Hebbels Meisterwerk

Judith (Uraufführung 1840)

In dieser Umdeutung des biblischen Stoffes fühlt sich Judith zu dem mächtigen und selbstherrlichen Holofernes hingezogen, wird aber von ihm gedemütigt. So wird aus göttlichem Auftrag persönliche Rache, die Judith zur furchtbaren Tat motiviert: Holofernes wird der Kopf abgeschlagen und ihr gebracht.

Antagonismus zw. Individuum und „Weltprozess"

> „Auch Judith wird ein Opfer des tragischen Antagonismus zwischen dem handelnden und damit seine Grenzen überschreitenden Individuum und den Gesetzen des ‚Weltprozesses', den darzustellen nach Hebbels Theorie die Aufgabe des modernen Dramatikers ist."[9]

---

9 Kluge, M. und Radler, R. (Hg.): *Hauptwerke der deutschen Literatur.* München: Kindler, 1997, S. 354.

Die Nibelungen (Uraufführung 1861)

Hebbels größter Bühnenerfolg

Ein deutsches Trauerspiel in drei Abteilungen: Der gehörnte Siegfried, Siegfrieds Rache, Kriemhilds Tod. In Hebbels größtem Bühnenerfolg wird das Nibelungen-Epos mit den Geschehnissen am Hof des Burgunderkönigs Gunther erzählt. Siegfried setzt Zauberkräfte ein, um die schöne Kriemhild zu gewinnen. Die ihm eigentlich zugedachte Brunhild fühlt sich zum Tauschobjekt degradiert und lässt Siegfried ermorden.

Der Rubin (Uraufführung 1849)

Egoismus behindert die Entfaltung des Individuums

Dieses Märchenlustspiel stellt dar, wie der Fischersohn Assad auf der Suche nach der verschwundenen Kalifentochter Fatime einen Rubinring entdeckt. Es stellt sich heraus, dass Fatime in diesen Rubin durch einen bösen Geist hineingezaubert wurde. Assad erlöst sie ungewollt, indem er den Ring in eigener Bedrängnis in den Fluss wirft. So wird ein Beispiel dafür gegeben, dass Besitzanspruch und Egoismus die Entfaltung von Individuum und Wahrheit behindern können.

3. TEXTANALYSE UND -INTERPRETATION

3.1 Entstehung und Quellen

ZUSAMMEN-FASSUNG

Zu den wichtigsten Voraussetzungen für die Entstehung des Dramas *Maria Magdalena* gehören:

Biografische Bezüge, Erfahrungen und Beziehungen:
- → kleinbürgerliche Lebenswelt in der Kindheit und Jugend Hebbels, Flucht aus Enge und Tradition, finanzielle Not
- → Hebbels Eltern und seine Beziehung zu ihnen
- → Hebbels Beziehungen zu Frauen (Beppi, Elise Lensing)
- → Vorfälle im Haus des Tischlermeisters Anton Schwarz (Diebstahlsverdacht)

Literarische Vorlagen:
- → Kenntnis bürgerlicher Trauerspiele (z. B. Lenz, *Die Soldaten*, *Der Hofmeister;* Lessing, *Emilia Galotti* etc.), gezielte Auseinandersetzung mit der Gattung (s. Hebbels Vorwort zum Drama, R S. 3–28)
- → Kenntnis von Texten mit ähnlichen Themen und Motiven (z. B. F. M. Klinger, *Das leidende Weib;* Goethe, *Die Leiden des jungen Werther, Egmont, Faust*)

Biografische Bezüge zwischen Figuren und Geschehnissen in *Maria Magdalena* und Erfahrungen Hebbels

Wie kaum ein anderes Werk Hebbels ist das Drama *Maria Magdalena* von persönlichen Erfahrungen des Dichters geprägt. Dies belegen eindeutig Tagebucheintragungen und Briefe (z. B. Brief an Sigmund

Engländer 1863, Brief an Elise Lensing vom 26. 3. 1843, Tagebuchaufzeichnungen Hebbels vom Februar 1839 und vom 17. 10. 1843 und 4. 12. 1843 u. a.).[10]

FIGUR DES DRAMAS	GESTALTET NACH	BEZUGSPUNKTE
Meister Anton	Vater Hebbels	– vergleichbare Eigenschaften: Freudlosigkeit, Lieblosigkeit, Zynismus, Strenge und religiöser Fanatismus, Überbetonung der Ehre, rigide Bindung an Normen, Härte gegen sich und andere, Gefühlskälte
	Tischlermeister Anton Schwarz aus München (Hebbel wohnte vorübergehend bei der Familie Schwarz)	– gespannte Beziehung zum Sohn – Name (**Anton** Schwarz) – Beruf (**Tischlermeister**) – familiäre Konstellation
Seine Frau	Mutter Hebbels	– enge Bindung an den Sohn, schützt ihn vor dem strengen Vater – Eigenschaften (weibliche „Tugenden" wie Duldsamkeit, Frömmigkeit etc.)

10 „Hier bewegt sich Hebbel auf einem Boden, den er von Geburt an kennt, auf dem der fürchterlichen Enge des deutschen Kleinbürgerlebens." In: Lukács, Georg: *Neuere deutsche Literatur*. Neuwied: Luchterhand, 1963, S. 109. Vgl. auch: Saletta, Ester, Bandion, Wolfgang J. und Tuczay, Christa Agnes (Hg.): *Hebbel. Mensch und Dichter im Werk*. Folge 9. Friedrich Hebbels und Hermann Brochs Frauengestalten in einer Gender-Studies Richtung. Berlin: Weidler Buchverlag, 2007.

FIGUR DES DRAMAS	GESTALTET NACH	BEZUGSPUNKTE
Klara	Tochter des Tischlermeisters (Josepha Schwarz, genannt Beppi; zeitweise Geliebte Hebbels)	– Liebesbeziehung
	Elise Lensing (langjährige Lebensgefährtin Hebbels; sie hat mit ihm zusammen zwei Kinder; Hebbel verlässt sie später)	– Eigenschaften der Frauen: liebevolle, mütterliche Haltung, Opferbereitschaft, Schicksalsergebenheit und Duldsamkeit, dabei geistiger Anspruch; dies war für Hebbel die Verkörperung seines Ideals einer Frau: durch Dulden Tun – uneheliche Beziehung (Else Lensings zu Hebbel), uneheliche Schwangerschaft, wird vom Vater der Kinder verlassen
Karl	Karl (Sohn des Tischlermeisters)	– Name „Karl" – charakterliche Parallele (Leichtsinn) – von Hebbel bezeugter Vorfall im Hause des Tischlermeisters: Karl wird eines Diebstahls verdächtigt und in Untersuchungshaft genommen (Mai 1837), Ehrverlust
	Hebbel selbst	– Eigenschaften Hebbels: Opposition gegen kleinbürgerliche, enge Welt, Streben nach Freiheit und Eigenständigkeit – Auflehnung gegen den Vater
Leonhard	Hebbel selbst	– uneheliche Beziehung zu Elise Lensing – Tätigkeit als Schreiber
Sekretär	Hebbel selbst	– verlässt Dithmarschen, distanziert sich

Neben den aus Hebbels Jugend und Umfeld stammenden Details wie z. B. dem Birnbaum (vgl. HL S. 18/R S. 49) oder dem immer wieder erwähnten Analphabetismus des Vaters (vgl. HL S. 10, 24 f./ R S. 39, 58) sind vor allem die kleinbürgerliche Enge und die Härte des Vaters von prägender Bedeutung für das Drama gewesen. Dies findet in den Tagebüchern Hebbels mehrfach Erwähnung. Auch der Vorfall um den Sohn im Hause des Tischlermeisters Anton Schwarz wird in einem Brief an Siegmund Engländer (23. 2. 1863) ausdrücklich als Dramengrundlage genannt.

In den direkten Erfahrungszusammenhang Hebbels ist die Tatsache zu bringen, dass Hebbel selbst unter extrem schwierigen sozialen und finanziellen Bedingungen aufwuchs und auch die meiste Zeit seines Lebens lebte.

Literarische Quellen

→ Hebbel nennt, als die Schauspielerin Auguste Stich-Crelinger das Stück mit dem Hinweis auf die Schwangerschaft Klaras als unaufführbar zurückweist, explizit als thematisch ähnliche Dramen **Goethes *Faust*** mit dem schwangeren Gretchen und die Dirne Klärchen in ***Egmont***.

→ Erst kurz vor dem Druck erhält das bürgerliche Trauerspiel den Titel *Maria Magdalena*. Der zuvor verwendete Arbeitstitel *Klara* wird fallen gelassen. Damit verknüpft Hebbel das Drama mit der **biblischen Figur aus dem Neuen Testament**, die in der Volkslegende zur heiligen Büßerin hochstilisiert wurde (vgl. auch die Materialien dieser Erläuterung S. 99 f.).
Hebbel selbst weist allerdings in seinem Tagebuch darauf hin, dass er sie so nicht einschätzt. Der Heiligenname verweist damit eher allgemein auf weibliche Opferbereitschaft und Hingabe. Durch einen Fehldruck erscheint die Erstausgabe mit dem Titel *Maria Magdalene*. Hebbel hat dies zunächst nicht

beanstandet, verwendet aber in Briefen in der Regel die Form *Maria Magdalena*.[11]

11 Zu dem philologischen Streit vgl. Hein, Edgar: *Friedrich Hebbel: „Maria Magdalena"*. München: Oldenbourg, 1989 (Oldenbourg Interpretationen), S. 20.

3.2 Inhaltsangabe

ZUSAMMEN-FASSUNG

Klara hat dem Drängen ihres Verlobten Leonhard nachgegeben und ist von ihm schwanger. Als der Bruder Karls eines Diebstahls verdächtigt wird, stirbt die Mutter und der Vater sorgt sich um die Ehre der Familie. Leonhard nutzt die Gelegenheit und löst die Verlobung mit Klara, weil er erfahren hat, dass sie kein Geld mit in eine Ehe bringt. In dieser Situation lässt Meister Anton seine Tochter schwören, dass sie keinerlei Schande über die Familie bringt. Klara versucht verzweifelt, Leonhard zur Heirat zu überreden, damit der Vater seine Ankündigung, Selbstmord zu begehen, nicht wahr macht. Auch das Treffen mit dem ehemaligen Jugendfreund, dem Sekretär, führt zu keiner Lösung für Klara, aber zum Duell zwischen Leonhard und dem Sekretär. Beide Männer verletzen sich lebensgefährlich. Als sich herausstellt, dass Karl zu Unrecht verdächtigt wurde, ist es zu spät: Klara begeht Selbstmord im Brunnen, um die uneheliche Schwangerschaft zu vertuschen und ihren Vater zu retten. Aber es gibt Zeugen, die nicht an einen Unfall glauben. Meister Anton bleibt verbittert, ohne jedes Verständnis oder Einsicht in eigenes Fehlverhalten zurück.

I. Akt

Zusammenfassung I. Akt

Leonhard, der Verlobte Klaras, erfährt, dass deren Vater, der Tischlermeister Anton, die Mitgift für seine Tochter weggegeben hat. Außerdem wird Klaras Bruder Karl des Diebstahls verdächtigt und ins Gefängnis gebracht. Vor Aufregung darüber stirbt die noch von schwerer Krankheit geschwächte Mutter. Leonhard löst die Verlobung und teilt Klara dies durch einen Brief mit. Meister Anton nimmt seiner Tochter Klara den Schwur ab, dass sie ihm niemals Schande bereiten wird. Klara leistet diesen Schwur, obwohl sie weiß, dass sie ihre Unschuld schon verloren hat und unehelich schwanger von Leonhard ist.

Im ersten Akt werden alle Mitglieder der bürgerlichen Familie gezeigt.

1. Szene: Den Anfang machen Klara und ihre Mutter, die sich über die Genesung der Mutter von schwerer Krankheit freuen.

2. Szene: Der Bruder Karl kommt kurz hinzu und brüstet sich vor Klara mit seinem extravaganten Aussehen, seine Mutter hingegen bittet er um Geld.

3. Szene: Als er gegangen ist, äußert die Mutter Sorgen über ihren nachgiebigen Erziehungsstil gegenüber ihrem Sohn. Dann wechselt sie das Thema und erkundigt sich nach Leonhard, dem Verlobten Klaras, der lange nicht im Haus war. Sie will sicher sein, dass Klara ihn nicht heimlich trifft oder Beziehungsprobleme bestehen. Klara sieht ihr nach, wie sie über den Kirchhof geht und einen Blumenstrauß in ein offenes Grab wirft.

4. Szene: Leonhard kommt. Die beiden streiten sich über eine zurückliegende Begegnung Klaras mit ihrem ehemaligen Jugendfreund, dem Sekretär Friedrich, der die Eifersucht Leonhards geweckt hat. Offenbar hat Leonhard daraufhin die Hingabe Klaras gefordert. Leonhard teilt Klara mit, dass er zum Kassierer befördert worden ist und jetzt um ihre Hand anhalten kann. Er gibt damit an,

„Eine goldene Kette? Woher hast du die?" (I. Akt, 2. Szene). Die Mutter mit ihren Kindern Karl und Klara. Aufführung im Maxim Gorki Theater Berlin 2007

dass er seinen Konkurrenten erfolgreich ausgetrickst hat, und erkundigt sich dann nach der Mitgift Klaras. Diese weiß nichts von einer Mitgift, ist aufgrund seiner Schilderung erschüttert über die zu Tage tretende Rücksichtslosigkeit und Gemeinheit Leonhards. Sie bedauert jetzt schon, an ihn gebunden zu sein.

5. Szene: Meister Anton kommt hinzu. Er legt lange seine Einstellungen zu Gott und der Welt dar und beschwert sich über seinen Sohn Karl. Auf die Nachfrage Leonhards bezüglich der Mitgift für Klara hin erklärt Anton, dass er diese an einen früheren Wohltäter, der in einer Notlage war, verschenkt hat.

6. Szene: Die Mutter kommt hinzu und berichtet von einem Vorfall auf dem Friedhof. Leonhard gibt die neusten Nachrichten von einem Juwelendiebstahl weiter. Da Karl unmittelbar zuvor dort gearbeitet hat, kommt die Rede auf ihn.
7. Szene: Statt des zum Essen erwarteten Sohns betreten zwei Gerichtsdiener das Haus. Sie bezichtigen Karl des Diebstahls und wollen eine Hausdurchsuchung vornehmen. Vor Schreck fällt die noch von der Krankheit geschwächte Mutter um und stirbt. Klara hält ihren Bruder für unschuldig, aber der Vater glaubt an dessen Schuld. Er fordert von seiner Tochter einen Schwur, dass sie dem Vater niemals Schande machen soll. Klara leistet diesen Schwur auf seinen Druck hin, obwohl sie weiß, dass er zu diesem Zeitpunkt schon nicht mehr zu halten ist. Leonhard hat ihr außerdem durch einen Brief die Entlobung mitgeteilt.

II. Akt

Zusammenfassung II. Akt

Meister Anton betont noch einmal, dass er Selbstmord begehen wird, wenn Klara die Ehre der Familie nicht aufrecht erhält. Er glaubt nicht an die Unschuld seines Sohnes. Als er fort ist, stellt sich heraus, dass Karl den Diebstahl nicht begangen hat und freigelassen wird. In dieser Situation kommt der alte Jugendfreund Friedrich und bittet Klara um ihre Hand. Sie erzählt ihm nicht nur, dass sie an Leonhard gebunden ist, sondern gibt auch den Grund dafür, die Schwangerschaft, preis. Daraufhin will der Sekretär Leonhard zum Duell auffordern, um Klara zu rächen.

Die Gerichtsdiener kommen ins Haus und die Mutter stirbt. Aufführung im Maxim Gorki Theater Berlin 2007 © picture-alliance / ZB

Karl ist inzwischen im Gefängnis und die Mutter ist begraben worden. Leonhard hat sich von Klara getrennt.

1. Szene: Meister Anton beschwert sich heftig über die Schande, die Karl über die Familie gebracht hat. Er ist im Gegensatz zu Klara von Karls Schuld überzeugt und fordert noch einmal die Tugendhaftigkeit Klaras ein. Andernfalls droht er mit Selbstmord. Dann geht er.

2 Szene: Allein betet Klara zu Gott, lieber sie als ihren Vater sterben zu lassen.

3. Szene: Der Kaufmann Wolfram kommt und gesteht Klara, dass sich der Schmuck wieder aufgefunden hat. Seine Frau habe ihn in geistiger Verwirrung versteckt. Klara erklärt dem Kaufmann, warum der Gerichtdiener Adam Rachegelüste Anton gegenüber entwickelt und so heftig bei der Festnahme Karls reagiert hat. Wolfram will Anton ins Gebirge nachreiten, um ihm selbst die Nachricht von der Freilassung Karls zu überbringen.

4. Szene: Klara weiß nun, dass sie als Einzige in der Familie schuldig geworden ist, und kann sich nicht recht über die Rehabilitierung Karls freuen.

5. Szene: Der Sekretär Friedrich, Klaras Jugendliebe, tritt ein, um ihr die guten Nachrichten von der Aufklärung des Diebstahls zu übermitteln. Sein wahres Anliegen ist aber ein Heiratsantrag an Klara. Klara gesteht ihm zwar ihre Liebe, klärt ihn aber auch über Leonhards Entlobung und ihre verzweifelte Lage auf. Der Sekretär ist beeindruckt von Klaras Ehrlichkeit, kann sich aber nicht über ihre Schwangerschaft hinwegsetzen. Er will sich mit Leonhard duellieren.

6. Szene: Als er gegangen ist, beschließt Klara, sofort zu Leonhard zu gehen und ihn um die Heirat anzuflehen. Dies scheint ihr die letzte Möglichkeit, den Selbstmord des Vaters zu verhindern. Alternativ bleibt ihr nur der eigene Selbstmord.

III. Akt

Zusammenfassung III. Akt

Klara geht zu Leonhard und bittet verzweifelt darum, sie schnell zu heiraten, um den Selbstmord des Vaters zu verhindern. Leonhard lehnt dies mit Verweis auf eine neu geschlossene Beziehung ab. Inzwischen ist Karl aus dem Gefängnis gekommen und teilt Klara seinen Entschluss mit, zur See zu gehen und sie und den alten Vater zurückzulassen. Dadurch entsteht Zeitdruck für Klara und sie nutzt einen Vorwand, um zum Brunnen zu gehen und sich dort umzubringen. Es soll wie ein Unfall aussehen, aber es gibt Zeugen der Tat. Der Sekretär hat in der Zwischenzeit Leonhard im Duell getötet, wurde aber auch selbst lebensgefährlich verletzt. Zurück bleibt Meister Anton, der die Welt nicht mehr versteht.

1. Szene: Leonhard arbeitet. Er bedauert Klara, beschließt dennoch eine möglichst schnelle feste Verbindung mit der buckligen Nichte des Bürgermeisters, um seine Karriere nicht zu gefährden.
2. Szene: Er ist erstaunt, als Klara trotz des Briefes zu ihm in das Büro kommt. Ihre eindringliche Bitte, sie zu heiraten, lehnt er ab, obwohl nun der Entlobungsgrund, der vermeintliche Diebstahl und die Unehrenhaftigkeit der Familie, entfallen ist.
3. Szene: Leonhard bekommt Blumen geschickt. Er erinnert sich an die symbolische Sprache der Blumen und schickt eine dunkelrote an die Absenderin zurück.
4. Szene: Danach setzt er Klara auseinander, warum er sie nicht heiraten kann. Er belügt sie und erklärt die Verlobung mit der Bürgermeistersnichte schon für offiziell beschlossen. Außerdem gibt er Meister Anton die Schuld an der Situation, weil er die Mitgift weg-

gegeben hat. Er glaubt Klara nicht, dass sie die angekündigte Selbstmordabsicht realisiert.

5. Szene: Als sie gegangen ist, äußert Leonhard dennoch Zweifel, ob er richtig entschieden hat.

6. Szene: Da kommt der Sekretär und fordert ihn zum Duell. Leonhard beteuert nun in seiner Angst, Klara heiraten zu wollen, aber der Sekretär geht nicht darauf ein. Sie verlassen gemeinsam das Haus.

7. Szene: Karl kommt nach Hause und findet keinen aus der Familie vor. Er ist ungeduldig und hungrig.

8. Szene: Als Klara eintritt, erfährt er von ihrer Entlobung. Er beschließt, sie und sich selbst für das angetane Unrecht zu rächen, dann aber als Seemann fortzugehen. Dadurch wird Klaras Lage noch verzweifelter. Die Bitte um frisches Wasser nimmt Klara zum Anlass, zum Brunnen zu gehen, um dort Selbstmord zu begehen. Sie geht fort.

9. Szene: Karl singt inzwischen ein zukunftsfrohes Lied.

10. Szene: Sobald sein Vater das Haus betritt, streiten sich die beiden wieder.

11. Szene: Der Sekretär tritt ein, lebensgefährlich verwundet. Er hat Leonhard erschossen und Klara gerächt. Nun versucht er dem Vater das Versprechen abzuringen, dass er seine Tochter nicht verstößt. Er hat nicht damit gerechnet, dass Meister Anton noch nichts von Klaras Problemen weiß. Dieser lehnt aber rigoros jedes Verzeihen ab. In dieser Situation erfahren sie vom Tod Klaras. Zeugenaussagen haben ergeben, dass es sich nicht um einen Unfall, sondern um Selbstmord handelt. Während der Sekretär sich und dem Vater die Schuld für ihre Entscheidung gibt, sieht Meister Anton nur sich selbst als Opfer der Verwicklungen. Klaras Leiche wird gebracht.

Zusammenstellung der zurückliegenden Handlung

Akt I:

→ Krankheit und Genesung der Mutter (I, 1)
→ Sparen für Klaras weißes Kleid (I, 2)
→ Antons Tränen über den Gesundheitszustand der Mutter (I, 3)
→ Träume Klaras vom Tod der Mutter (I, 3)
→ Episode des Verzichts eines Mädchens auf Kirschen (I, 3)
→ Andeutung der Sünde, Klaras Schwangerschaft (I, 3)
→ Treffen mit dem Sekretär, Eifersucht Leonhards, Einforderung der sexuellen Hingabe, Ausbruch der Krankheit der Mutter (I, 4)
→ Ausschaltung des beruflichen Konkurrenten Leonhards, Hofieren der buckligen Nichte des Bürgermeisters (I, 4)
→ Streit mit Klara (14 Tage zurückliegend) (I, 4)
→ Tod des Müllers, Kondolenzbesuch/Ausmessen des Sarges durch Meister Anton (I, 5)
→ Selbstmordversuch des alten Gebhard, Rettung durch Meister Antons Begleichung der Schulden (I, 5)
→ Auseinandersetzung Meister Antons mit dem Gerichtsdiener Adam (Klara berichtet von der Szene im Wirtshaus in II, 3) (I, 7)
→ Juwelendiebstahl bei Kaufmann Wolfram (I, 6)

Zwischen Akt I und Akt II:

→ Beerdigung der Mutter

Akt II:

→ Begegnung Meister Antons mit Pockenfritz und dem Pfarrer (II, 1)
→ Wiederfinden des Schmucks, Aufklärung des vermeintlichen Diebstahls, Rehabilitierung Karls (II, 3)
→ Bitte um Nachforschungen an Adam (II, 3)

Akt III:

→ Klaras Heimweg von Leonhard, Beinahe-Unfall durch herabwehende Ziegel (III, 8)

Zeitgleich stattfindende, verdeckte Handlung:

→ Klara bereitet das Abendbrot in der Küche (III, 8)
→ Karl wird durch die ganze Stadt aus dem Gefängnis nach Haus gebracht (III, 10)
→ Klaras Selbstmord und die Zeugenaussagen dazu (III, 11)

3.3 Aufbau

ZUSAMMEN-FASSUNG

AKT I	AKT II	AKT III
7 Szenen	6 Szenen	11 Szenen
unvermittelter Beginn, viele zurückliegende und verdeckte Handlungen	Zeitsprung von ca. einer Woche zwischen den Akten I und II	chronologisch nahtlos verknüpft mit dem II. Akt
Vorstellung der Hauptpersonen und des Problems		Katastrophe am Ende
Meister Anton mit größtem Redeanteil	jeder zweite Akt enthält einen Monolog Klaras	Monologe der Männer (Sekretär und Leonhard)

Dramatische Struktur

Zeitraum der Handlung: etwa eine Woche

Maria Magdalena ist in **drei Akte**[12] unterteilt. Diese sind unterschiedlich lang (7, 6, 11 Szenen) und decken einen Zeitraum von etwa einer Woche ab.

Die **Verkürzung der Geschehnisse** erreicht Hebbel, indem er viele Aktivitäten und entscheidende Handlungsteile in die **Vorgeschichte** verlegt.[13] Es gibt darüber hinaus verdeckte Handlungen (Klara sieht, wie ihre Mutter einen Blumenstrauß in ein offenes Grab wirft) und **zeitgleich** stattfindende Handlungen (Duell und Entlassung Karls aus dem Gefängnis).

Ein **Zeitsprung** von etwa einer Woche liegt zwischen Akt I und II. Außerdem hält Hebbel die **Anzahl der Personen sehr begrenzt**.

---

12 Das klassische Kindermörderinnen-Drama umfasst in der Regel den Zeitraum von mindestens neun Monaten, also die Zeit zwischen Empfängnis und Geburt des Kindes, das dann von der Mutter getötet wird. Seit der Spätantike variiert die Länge der Dramen zwischen drei und fünf Akten, vgl. Schößler, Franziska: *Einführung in die Dramenanalyse*. Stuttgart: Metzler, 2017, S. 52.

13 Vgl. die Zusammenstellung der zurückliegenden Handlung S. 38 f. dieser Erläuterung.

Da die Mutter am Ende des ersten Aktes stirbt, verringert sich die bürgerliche Familie auf drei Personen (Vater, Tochter und Sohn). Daneben spielen nur der Verlobte (Leonhard) und die Jugendliebe Klaras (Friedrich) eine Rolle. Personen in Nebenrollen (Wolfram, Gerichtsdiener, Knabe und Magd) agieren sprachlich nur einmal oder sehr kurz (Magd, Knabe). Damit nähert sich Hebbel der aristotelischen Forderung nach der Einheit von Zeit, Raum und Handlung und verstärkt den Eindruck einer „echten Tragödie“[14].

Klassischer Dramenaufbau

Die **Funktion der Akte** entspricht ebenfalls dem klassischen geschlossenen Drama: Exposition, Vorstellung der Personen sowie des Problems im ersten Akt, weitere Zuspitzung der Problemsituation und kurz aufleuchtender Hoffnungsschimmer für Klara (retardierendes Moment) im zweiten Akt, Katastrophe im letzten Akt. Die Handlung verläuft kontinuierlich und chronologisch, sie entwickelt sich konsequent und aufeinander aufbauend. Dabei beschleunigt sich das Tempo im Laufe der Akte. Schwüre (Klara) und Ankündigungen (Selbstmord Antons, Verlobung mit der Nichte des Bürgermeisters) drängen die Zeit voran und bereiten das Ende vor[15], am Schluss erfolgen die Handlungen in schneller Reihenfolge, teilweise gleichzeitig. Dadurch treiben die Personen beschleunigt auf den tragischen Abgrund zu.[16]

Chronologischer Handlungsverlauf

Begrenzung des Schauplatzes auf zwei Zimmer

Auch die **Schauplätze** der Handlung sind begrenzt: Im Wesentlichen spielen sich die Geschehnisse in einem Zimmer im bürgerlichen Haus des Tischlermeisters ab. Darüber hinaus ist nur das Zimmer bei Leonhard (III, 1–6) Schauplatz. Beide Orte sind durch die **bürgerliche Lebenssphäre** und die Enge geprägt.

---

14 Vgl. das Vorwort Hebbels zum Drama, R S. 27

15 Schößler, Franziska: *Einführung in die Dramenanalyse*, S. 177.

16 Vgl. Ishikawa-Beyerstedt, Saeko: *Friedrich Hebbels Einfluss auf die Moderne. Seine Rezeption in dramatischen Bearbeitungen von „Judith“ bis „Die Nibelungen“*. Marburg: Tectum Verlag, 2014, S. 207.

Die Tatsache, dass schicksalsbestimmende Ereignisse in der Vergangenheit geschehen sind und erst im Laufe des Dramas enthüllt werden, ist allerdings eine **Vorwegnahme des analytischen Dramas**, das erst im ausgehenden Jahrhundert (Ibsen, Strindberg) bestimmend wird.

Dialoge und Monologe

In der Regel sprechen zwei Personen in jeder Szene miteinander. Selten ist ein dritter Gesprächspartner anwesend (s. Tabelle S. 43). Ausnahme ist die turbulente siebente Szene des ersten Aktes, die die Hausdurchsuchung als besonderen Racheakt Adams an Meister Anton, den Tod der Mutter und die Entscheidung Leonhards zur Entlobung sowie Klaras Reinheitsschwur enthält. Klara als Hauptfigur des Dramas ist in jedem Akt bis zu ihrem Tod (III, 8) präsent.

Lange Redeanteile

Meister Anton scheint auf den ersten Blick wenig Raum zu erhalten, der Anfang des Dramas und große Teile des 2. und 3. Aktes kommen ohne ihn aus. Bei genauerer Betrachtung stellt man aber fest, dass seine Redeanteile jeweils sehr lang sind und er und seine Ansichten immer im Hintergrund gegenwärtig sind. Er bekommt zudem das letzte Wort im Drama mit einer Ich-Aussage.

Zunehmende Sprachlosigkeit

Klaras Monologe im zweiten Akt sind teilweise sehr kurz und enthalten Anzeichen zunehmender Verwirrung und Sprachlosigkeit (vgl. auch die Begriffserklärung in den Materialien dieser Erläuterung S. 100). Sie sind zweimal an Gott gerichtet, dann aber als Appell an sich selbst. Im letzten Akt, kurz vor ihrem Selbstmord, spricht sie in kurzen, teilweise unvollendeten Ausrufen und Sätzen.

Im dritten Akt sind die **Monologe Leonhard und Karls** zu finden. Klara hingegen verstummt zusehends. Während Mutter und Tochter den **Anfang** des Dramas bestimmen und eher eine vertrauliche, erleichterte Stimmung herrscht, sind die Gesprächspartner am **Schluss** die männlichen Mitglieder der Familie, Vater und Sohn, und der Sekretär. Die Stimmung ist durch Unverständnis, Vorwürfe und Selbstmitleid geprägt.

Die folgende Tabelle listet alle Gesprächsteilnehmer der einzelnen Szenen auf. Monologe sind als „M" gekennzeichnet.

	KLARA	MEISTER ANTON	KARL	LEONHARD	SEKRETÄR	MUTTER	ANDERE
Akt I							
1	X		X			X	
2	X					X	
3	X					X	
4	X			X			
5	X	X		X			
6		X		X		X	
7	X	X		X		X	zwei Gerichtsdiener, Magd
Akt II							
1	X	X					
2	M						
3	X						Wolfram
4	M						
5	X				X		
6	M						
Akt III							
1				M			
2	X			X			
3	X			X			Knabe
4	X			X			
5				M			
6				X	X		
7			M				
8	X		X				
9			M				
10		X	X				
11		X	X		X		

Handlungsstränge

Um die Familienmitglieder Klara, Karl und Meister Anton konzentrieren sich drei Handlungsstränge, die miteinander verwoben sind und Begründungszusammenhänge herstellen. Vorausdeutungen und Symbole vernetzen weiter das Geschehen und liefern das Motiv für das tragische Ende.

Handlungsstrang Meister Anton

Durch seine Beleidigung des Gerichtsdieners Adam provoziert er das vehemente Vorgehen desselben im Falle Karls (HL S. 51 f./R S. 92 f.). Der Verlust des Ansehens in der Öffentlichkeit lenkt seine Hoffnung auf Klara und führt zum Schwur und seiner bekräftigenden Androhung des Selbstmordes. Klara fällt für sich die Entscheidung zum Selbstmord, um nicht des Vatermordes schuldig zu werden. Meister Anton bleibt allein zurück.

Handlungsstrang Karl

Sein Leichtsinn, seine Verschwendungssucht und seine Schulden führen zum Diebstahlsverdacht und zu seiner Inhaftierung. Nach der Aufdeckung des Falles und seiner Entlassung aus der Haft kommt es zum offenen Streit mit seinem Vater. Da die geliebte Mutter nun tot ist, bindet ihn nichts mehr an sein Elternhaus. Er will zur See fahren und den Vater mit Klara zurücklassen. Dadurch beschleunigt er die Entscheidung Klaras.

Handlungsstrang Klara

Die Identifizierung mit ihrer Rolle und die Internalisierung der Normen ihres Vaters machen es für Klara unmöglich, Widerstand zu leisten und eigene Ansprüche zu entwickeln. So kann sie sich Leonhards Drängen nicht entziehen, kann sich keinem anvertrauen, ist auf die Heirat mit Leonhard angewiesen. Gerade zu diesem Zeitpunkt entdeckt sie aber die negativen Charakterzüge ihres Verlobten. Der Verdacht gegenüber Karl, der Tod der Mutter und der Schwur, den der Vater ihr abzwingt, verstärken den Druck auf sie. Sie soll jetzt die Ehrbarkeit der Familie und die gute Erziehung der Eltern nach außen vertreten. Die Möglichkeit der Hochzeit mit dem Sekretär zerstört sie selbst mit dem Hinweis auf ihre Schwangerschaft. Da Leonhard behauptet, inzwischen schon einer anderen das Heiratsversprechen gegeben zu haben, bleibt für sie nur der Selbstmord, selbst als sich Karls Unschuld herausstellt.

Zuordnung weiterer Personen

Diesen drei sich um die Hauptfiguren rankenden Handlungssträngen sind weitere Personen zugeordnet. Auch hier wird die straffe und lückenlose Handlungsführung deutlich. Die Ereignisse scheinen sich unausweichlich und strudelartig zu dem tragischen Ende hin zuzuspitzen. Die Motivierung der einzelnen Schritte ist jeweils das Glied einer Motivkette, die sich aus der Vergangenheit bis in die Zukunft hinein nachvollziehen lässt.

Die Mutter

Die lange, schwere Krankheit und die besondere Bindung an ihren Sohn machen den unvermittelten Tod nach Bekanntwerden der Inhaftierung des Sohnes glaubwürdig. Sie hat im Vorfeld auf Klara mit Hinweis auf die Standesunterschiede eingewirkt, den Sekretär zu vergessen und sich lieber an Leonhard zu halten. Wegen der Krankheit der Mutter und dann wegen ihres Todes kommt der Sekretär nicht früher zu Klara, um ihr seine Liebe zu gestehen.

Leonhard

Die Inhaftierung Karls gibt Leonhard den willkommenen Anlass zur Auflösung des Verlöbnisses, da er es vor allem auf die Mitgift Klaras abgesehen hatte. Weil er damit rechnen muss, dass er Schwierigkeiten bekommt, wenn die Schwangerschaft Klaras nicht mehr zu verheimlichen ist, knüpft er zum frühestmöglichen Zeitpunkt eine neue Verbindung, die ihm die Unterstützung des Bürgermeisters sichert. Damit ist es für Klara aber völlig unmöglich geworden, ihren Schwur auch nur zum Schein durch die Heirat mit ihm zu halten.

Friedrich, der Sekretär

Er ist früherer Spielgefährte und Freund von Klara gewesen, hat sich zum Studium jahrelang aus dem Ort entfernt und in keiner Weise den Kontakt zu Klara aufrechterhalten. Erst bei dem Wiedersehen mit Klara erinnert er sich wieder an sie. Egoistisch macht er eher ihr als sich selbst den Vorwurf, dass Klara sich anderweitig gebunden hat. Statt Klara zu unterstützen initiiert er den eigenen und Leonhards Tod.

Das Geflecht der Motive

Das Drama ist bestimmt durch verschiedene, die Handlung motivierende Aspekte. Diese werden ergänzt durch viele als Vorausdeutung oder als Rückblick wirkende, symbolisch eingesetzte Elemente. Auf der rechten Seite sind die drei wichtigsten Motive im Überblick dargestellt.

Das Todesmotiv

Im Verlauf des Dramas sterben fünf Menschen

Ein Schwerpunkt des Dramas ist der **Tod**. Dabei geht es erst um durch **Krankheit oder Schock** bedingten Tod (der Vater sieht auch diesen Tod als Mord durch den Sohn an), dann aber um gewaltsamen Tod durch **Selbstmord** (als Drohung oder vollzogener Selbstmord) oder **Mord** (Duell). Im Verlauf des Dramas sterben fünf Menschen: die Mutter, der Sekretär, Leonhard, Klara und ihr ungeborenes Kind. Auffällig ist hierbei, dass entsprechend der Rollenerwartung **männliche Aggressivität und weibliche Selbstzerstörung** zu erkennen

Tod

- Tote: Mutter, Klara, ungeborenes Kind, Leonhard, Friedrich
- Androhung des Selbstmordes von Meister Anton, Selbstmordabsicht Klaras, Sorge der Mutter um Karl auf See
- weitere Tote: Meister Gebhard, Müller
- Friedhof, Gräber, Totengräber, Leichenkleid, schwere Krankheit, Totenglocke

Schwur

- Schwur des Vaters, Selbstmord zu begehen im Falle der Ehrlosigkeit Klaras
- erzwungener Schwur Klaras
- Liebes- und Eheschwur

Enge

- Umgebung, Räumlichkeiten (Fenster, enge Räume, Sarg, Gebirge, Brunnen)
- rigide Normen und nicht veränderbare Sitten, strenge Religiosität, Hausregeln
- Unfreiheit, fehlende Alternativen, Zwänge

sind. Konsequent wird das Todesmotiv von Anfang an in Handlung, Sprache und Dingsymbolen aufgenommen. Tod wird meist als **Strafe** für unehrenhaftes Verhalten gesehen oder in der Selbstmorddrohung als **Druckmittel** eingesetzt.

→ Schon im ersten Satz des Dramas wird die schwere Krankheit der Mutter, das Bangen um ihren möglichen Tod aufgenommen. Die als Dingsymbole zu verstehenden Elemente „Brautkleid" und **„Leichenkleid"** (HL S. 7/R S. 35) verknüpfen Hochzeit und Tod, Vergangenes und Zukünftiges.
→ Die Mutter macht lange Ausführungen zum Leben vor und nach dem Tod (vgl. HL S. 7 f./R S. 35 f.).

- → Klara träumt dreimal, die Mutter läge im Sarg (vgl. HL S. 10/ R S. 39).
- → **Totengräber** und Blumenstrauß haben den Tod der Mutter vorausdeutende Funktion (vgl. HL S. 11/R S. 40).
- → Meister Anton kommt bei seinem ersten Auftritt aus einem Trauerhaus, wo er die Maße für den **Sarg** nahm (vgl. HL S. 16/R S. 46).
- → Die Mutter fällt bei der Nachricht über Karls Inhaftierung um und stirbt (vgl. HL S. 25/R S. 58).
- → Der Vater droht mit Selbstmord im Falle der Nichteinhaltung des Schwurs Klaras (vgl. HL S. 29/R S. 64).
- → Klara erbittet im Gebet ihren Tod, um ihren Vater zu retten (vgl. HL S. 31/R S. 67).
- → Klara verbietet sich vorerst **Selbstmordgedanken** (vgl. HL S. 39/R S. 77).
- → Klara malt sich aus, wie sie sich in der Ehe mit Leonhard mit Rattengift umbringt und dabei Verwechslung vortäuscht (vgl. HL S. 42/R S. 80).
- → Karl droht damit, den Gerichtsdiener umzubringen (vgl. HL S. 48/R S. 89).
- → Karl hat Pläne, zur See zu gehen, setzt sie aber erst nach dem Tod der Mutter um, da diese Angst hatte, er würde im Sturm umkommen (vgl. HL S. 48 f./R S. 89).
- → Der Sekretär fordert Leonhard zum **Duell** auf; es endet für beide tödlich (vgl. Hl S. 52/R S. 93).
- → Klara nimmt **Selbstmord und Kindesmord** eher in Kauf als den Tod des Vaters (vgl. HL S. 44/R S. 84).

Das Schwurmotiv

Schwüre treiben tragische Entwicklung der Handlung voran

Die tragische Entwicklung der Ereignisse wird maßgeblich durch Schwüre vorangetrieben. Dies ist ein in der Tradition des bürgerlichen Trauerspiels häufig vorkommendes Motiv (*Kabale und Liebe*, *Die Kindermörderin* u. a.). Ein Schwur ist **im bürgerlichen Wertesystem eine unbedingte Verpflichtung**, ein Bruch ist sündhafte Verschuldung. Wie schon in früheren Dramen wird auch in *Maria Magdalena* deutlich, dass es unterschiedliche Einstellungen gibt. Trotz der **Unschuldsbeschwörungen** Karls sieht der Vater ihn in Folge der Verhaftung als Muttermörder an. Klara wird in die Kontrastrolle gedrängt, die sie aber nicht erfüllen kann, und der Vater begnügt sich in seiner Engstirnigkeit und Rigidität nicht mit einem Versprechen, sondern fordert einen Schwur. Ihr Tod ist die Folge des **väterlichen Schwurs**, denn die Versündigung als Selbstmörderin und Kindesmörderin wiegt für sie geringer als der Vatermord („Beides lieber, als Vatermörderin!“, Hl S. 44/R S. 84). Kontrastiert wird Klaras Einstellung durch die Leonhards, der bürgerliche Normen und Schwüre nur für sich nutzt, sich aber nicht selbst durch sie gebunden fühlt.

→ Die Mutter, von schwerer Krankheit genesen, ist sich zwar „nichts Böses bewusst“, will aber dennoch die **„frömmsten und besten Vorsätze“** (HL S. 7 f./R S. 36) bezüglich eines gottesfürchtigen Lebens erneuern und sich an strenge Einhaltung ermahnen lassen. Klara wird sich durch dieses Vorbild noch stärker ihrer Sünde bewusst.
→ Das Dilemma der unehelichen Schwangerschaft ist durch das **Eheversprechen** und die Einforderung des vorherigen Vollzuges der Ehe aus Eifersucht heraus bedingt („du lästertest mein Herz, und ich traute ihm selbst nicht mehr, du standst vor mir, wie einer, der eine Schuld einfordert, ich – ach Gott!“, HL S. 13/R S. 43).
→ Leonhard löst seinerseits den Eheschwur gegenüber Klara (HL S. 25 f./R. S. 59).

- → Durch die vermeintliche Schuld des Bruders und den Tod der Mutter konzentriert sich der Vater auf seine Tochter bezüglich des Ansehens der Familie („schwöre mir, dass du bist, was du sein sollst!“, HL S. 26/R S. 60).
- → Der Druck auf Klara nimmt zu durch den zusätzlichen **Schwur des Vaters** sich umzubringen (vgl. HL S. 29/R S. 64).
- → Dieser Schwur wird wiederholt („... vergiss du nicht, was du mir schuldig bist, halte du deinen Schwur, damit ich den meinigen nicht zu halten brauche!“, HL S. 31/R S. 66).
- → Zweimal begründet Klara ihre verzweifelte Bitte an Leonhard, sie zu heiraten, mit diesem Selbstmordschwur des Vaters („Er hat's geschworen! Heirate mich!“, HL S. 41/R S. 79).
- → Leonhard kontert mit der **Einforderung des Liebesschwures** („Kannst du schwören, dass du mich liebst? Dass du mich so liebst, wie ein Mädchen den Mann lieben muss, der sich auf ewig mit ihr verbinden soll?“, HL S. 41/R S. 79). Auch hier ist von vornherein klar, dass Klara diesen Schwur nicht leisten kann.
- → Aber sie bietet in dieser Situation ihre Unterordnung und ihren Tod stattdessen („Aber dies kann ich schwören: ob ich dich liebe, ob ich dich nicht liebe, nie sollst du's erfahren!“, HL S. 41/ R S. 80).
- → Klara nimmt die Schwüre außerordentlich ernst, weiß aber gleichzeitig, dass Leonhard eine andere Einstellung zu Schwüren hat als sie („Oh, ich glaub's gern, dass du nicht begreifst, wie irgendeiner in der Welt seinen Schwur halten sollte!“, HL S. 42/R S. 81).

Das Motiv der Enge, der zeitlichen und räumlichen Begrenzung
Die Starrheit und Enge des Blickwinkels Meister Antons, das rigide Festhalten an kleinlichen Normen und Gesetzen wird eindrucksvoll

veranschaulicht durch das Motiv der Enge. Dies findet erst einmal seine adäquate Umsetzung in der **aristotelischen Einheit von Ort, Zeit und Handlung**. Das Drama enthält **kaum Zeitsprünge**; die immer schneller vorwärtsdrängende Handlung bedingt eine rasche Entwicklung des Unausweichlichen. Dazu kommt die **räumliche Beschränkung** auf Meister Antons Stube und das Zimmer Leonhards.

Begrenztheit der Räume verdeutlicht Unfreiheit und Gebundenheit der Figuren

Gezeigt werden ausschließlich geschlossene Räume mit strenger Ordnung, die lediglich in der Vorstellung (Karl) kontrastiert werden mit freien und offenen Umgebungen (hohe See). So werden Zwang und Unfreiheit der Personen, ihre Gebundenheit an soziale Zustände, Ideen und religiöse Vorstellungen einerseits und der Wunsch nach **Ausbrechen aus dieser Enge** andererseits deutlich gemacht.

→ Meister Anton liebt die **dicken Kirchentüren** und das Beinhaus (vgl. HL S. 17 f./R S. 49).
→ Karl wirft ihm vor, er wolle am liebsten in die eigene Faust kriechen, während Karl selbst am liebsten die eigene „Haut abstreifen" möchte „wie den Kleinkinderrock, wenn's nur ginge!" (HL S. 49/R S. 90).
→ Die Szenerie lässt nur Ausblicke durchs Fenster zu; diese sind bezeichnenderweise die **Blicke auf Friedhof und Grab** (vgl. HL S. 10 f./R S. 40).
→ Meister Anton flieht in die Einsamkeit und **Enge des Gebirges**, um dem Gerede der Leute zu entgehen (vgl. HL S. 31/R S. 66).
→ Karl sitzt erst im **Gefängnis** und entwickelt seinerseits die Vision von der Zukunft bei der Seefahrt. Dies ist mit der Vorstellung von Weite und dem Ablegen aller Verpflichtungen verbunden („… jetzt hält mich nichts mehr an der Hobelbank fest!", HL S. 48 f./R S. 89).

→ Karl fühlt sich nicht nur durch die detaillierten Regeln („wir haben hier im Hause zweimal zehn Gebote", HL S. 47/R S. 87), sondern auch durch die Normierungen durch Bürgerstand, Handwerkszunft und Religion gefesselt („Es lebe jeder brave Hund, der an der Kette nicht um sich beißt!", HL S. 48/R S. 88).

→ **Klara** verbietet sich jeden Hoffnungsgedanken und **zieht sich völlig in sich selbst zurück**: „Zu! Zu, mein Herz! Quetsch dich in dich ein, dass auch kein Blutstropfe mehr heraus kann, der in den Adern das gefrierende Leben wieder entzünden will. ... Du müsstest dich selbst einriegeln in deine Hölle, wenn man dir von außen die Tore öffnen wollte." (HL S. 39/R S. 76 f.).

→ Konsequenterweise begeht sie Selbstmord in der **Enge des Brunnens** (HL S. 52/R S. 94).

3.4 Personenkonstellation und Charakteristiken

ZUSAMMENFASSUNG

Die im Drama gezeigte bürgerliche Familie verhält sich der damaligen festgefügten Rollenverteilung entsprechend. Nur der Sohn Karl versucht einen Ausbruch. Bürgerliche Moral und feste Ehrvorstellungen bestimmen Ansichten und Leben der Personen. Das gilt insbesondere für den Vater, Meister Anton. Mutter und Tochter ordnen sich ihm unter und entwickeln keine Eigenständigkeit. Sie leiden und dulden. Klaras Verlobter, Leonhard entpuppt sich als intriganter und skrupelloser Mensch, während Karl und Friedrich ihre Freiheiten suchen. Ein wichtiger Aspekt des Textes ist die bürgerliche Geschlechterordnung, der zufolge die Frauen untergeordnet und aufs Haus beschränkt sind, während die jungen Männer zunehmend eigene Lebensentwürfe realisieren können.

Die bürgerliche Familie

Gezeigt wird in *Maria Magdalena* eine kleinbürgerliche Familie in einer sich verändernden Zeit. Alle Personen sind durch die an sie gestellten Rollenerwartungen oder durch die konsequente Ablehnung derselben in ihrer Handlung bestimmt. Die äußeren gesellschaftlichen Zwänge und die innere Festgelegtheit der Personen entscheiden den Ausgang des Dramas.

Oberhaupt der Familie, repräsentiert diese nach außen

Der **Vater** ist in allen Dingen das Oberhaupt der Familie. Er ernährt diese durch persönlichen Einsatz und Fleiß („sauren Schweiß“, HL S. 7, 24/R S. 36, 57); aller Besitz im Haus gehört ihm („Aber alles, was im Hause ist, gehört meinem Vater“, HL S. 11/R S. 40). Er hat Autorität („Ja, ja, der Vater hat Recht“, HL S. 9/R S. 38) und Verantwortung. Dies drückt sich auch in der respektvollen Anrede aus („Klara ...: ‚Vater, Er sollte sich eine halbe Stunde niederlegen.'“, HL S. 28/R S. 63). Überdies repräsentiert er die Familie nach außen. Ehrbarkeit ist von höchster Bedeutung („Meister Anton: ‚... Ich kann's in einer Welt nicht aushalten, wo die Leute mitleidig sein müssten, wenn sie nicht vor mir ausspucken sollen.'“, HL S. 29/R S. 64). Er verheiratet die Tochter („Klara: ... er hat hundertmal erklärt, dass er seine Tochter nur dem gibt, der, wie er es nennt, nicht bloß Liebe im Herzen, sondern auch Brot im Schrank für sie hat.“, HL S. 13/R S. 44) und bildet den Sohn aus („Früher glaubte die dumme Welt, der Vater sei dazu da, um den Sohn zu erziehen.“, HL S. 16/R S. 47). Als Mann darf er nicht weinen oder Angst zeigen (HL S. 9/R S. 38).

Hausfrau, ihrem Mann untergeordnet

Die **Mutter** wird schon im ersten Akt als „gute Hausmutter“ (HL S. 22/R S. 55) bestimmt. Zu ihrer Aufgabe gehört es, die Kinder zu Frömmigkeit und Gehorsam zu erziehen, den Haushalt sparsam und reinlich zu führen, mildtätig zu sein und für Harmonie zu sorgen („Zank am Sonntagmorgen? Schäme dich, Karl!“, HL S. 8/R S. 37). Sie sorgt dafür, dass die Tochter sittsam bleibt („Aber nur darum hab ich ihm die Erlaubnis gegeben, dass er zu uns kommen darf, damit er dir nicht bei Nacht und Nebel aufpassen soll. Das hat meine Mutter auch nicht gelitten!“, HL S. 10/R S. 38) und sich standesgemäß verheiratet (vgl. HL S. 37/R S. 75). Ihrem Mann ist sie untergeordnet. Sie findet sogar noch positive Worte über ihn, als er wenig charmant auf ihr Aussehen als gealterte Frau verweist (vgl. HL S. 22/R S. 54).

Soll Hausfrau und Mutter werden

Die **Tochter** ist zur Übernahme der Rolle einer Hausfrau und Mutter bestimmt („Werde du ein Weib, wie deine Mutter war“, HL S. 29/R S. 63 f.). Sie übt sich darin schon früh ein, pflegt Kranke, hilft im Haushalt, macht Handarbeiten. Nach dem Tod der Mutter übernimmt sie nahtlos den Haushalt. Ihr tugendhaftes Verhalten zeugt von der guten Erziehung der Eltern und rehabilitiert diese

„vor dem Angesicht der Welt“ (HL S. 29/R S. 63). Sie muss vor allem „die beste Tochter“ (HL S. 29/R S. 63) sein, d. h. allen an sie gerichteten Erwartungen entsprechen. Sie weiß um ihre äußerst beschnittenen Rechte als verheiratete Frau („Ich will dir dienen, ich will für dich arbeiten“, Hl S. 41/R S. 80), muss aber auch diesen Status durch ihre Tugendhaftigkeit verdienen („... ein anderer wird dich zum Weibe nehmen, wenn du's verdienst“, HL S. 28/R S. 62).

Soll Familienoberhaupt werden

Vom **Sohn** wird erwartet, dass er in die Fußstapfen des Vaters tritt und für die Altersversorgung der Eltern aufkommt („dann kommt dein Sohn, der dir für das Alter ein weiches Kopfkissen stopfen sollte“, HL S. 28/R S. 62). Von ihm wird ebenfalls untadeliger Lebenswandel erwartet. Dem Ansehen der Familie darf er nicht schaden. Auch er übt sich schon früh in die spätere Rolle des Familienoberhauptes ein. Sobald „der Vater nicht da ist, so ist der Bruder Vormund“ (HL S. 47/R S. 88) über die Schwester, er ordnet dann an.

Die bürgerliche Geschlechterordnung

Weiblichkeit und Männlichkeit

Im bürgerlichen Trauerspiel bestimmen Geschlecht, Klasse und Alter der Personen das Verhältnis der Figuren zueinander.[17] „Ein polares Definitionsprinzip, nämlich Weiblichkeit und Männlichkeit, tritt an die Stelle des Schichtsystems der vormodernen Gesellschaft“.[18] Dabei gibt es bei den **Frauen** häufig zwei Typen: Die junge, naive, verführte Unschuld[19] und die ältere Frau, die Mutter, Kupplerin oder lebenserfahrene femme fatale[20] ist. Die **Männer** sind durch ihre Rolle in der Familie geprägt, besonders der Vater besitzt die patriarchale Autorität und vertritt die Familie nach außen. Häufig besteht zwischen **Vater und Tochter** ein besonderes Verhältnis.

---

17 Schößler, Franziska: *Einführung in die Dramenanalyse*, S. 94.
18 Ebd., S. 95
19 z. B. Evchen in Wagner, *Die Kindermörderin*
20 z. B. Lady Milford in Schiller, *Kabale und Liebe*

Vom ausgehenden 18. Jahrhundert an spielt zunehmend die psychisch-physische Ausstattung eine Rolle.[21] Dazu kommen verstärkt im Drama des 19. und 20. Jahrhunderts Generations- und Familienkonflikte. Das Drama *Maria Magdalena* muss ebenfalls unter diesem Aspekt betrachtet werden. Hebbel selbst vertritt offenbar die Ansicht, dass die Frau (er verwendet meist das Nomen ‚Weib') dem Mann untergeordnet und „die Frau kein soziales, sondern ein biologisches Geschlecht"[22] ist.

Mutter-Tochter-Verhältnis ist durch Erwartungshaltung geprägt

Hebbels Drama beginnt mit einer privaten Modenschau. Die Mutter trägt zum ersten Mal nach der Hochzeit wieder ihr Hochzeitskleid und Klara bewundert Zeitlosigkeit und Passform des Kleides. Sie ist nicht eitel, aber modebewusst bis ins Detail („Die Ärmel sind zu weit.", HL S. 7/R S. 35) und vertritt die jüngere weibliche Generation. Das gute Aussehen ihres ehemaligen Spielgefährten Friedrich aus Kindertagen ist ihr nicht entgangen. Ihre Mutter unterstützt sie nach Kräften in ihrem modischen Bewusstsein, wenn für ein „weißes Kleid" oder einen „Kopfputz" (HL S. 8/R S. 37) gespart werden muss. Sie unterhalten sich über Erziehungsmethoden, Männer allgemein („Freilich! Und wie die Männer sind! Die schämen sich ihrer Tränen mehr als ihrer Sünden!", HL S. 9/R S. 38) und veränderte Sitten und Normen („Zu meiner Zeit ...", HL S. 10/R S. 39). Trotz aller offensichtlichen Vertrautheit im Umgang miteinander gibt es wichtige Probleme, über die nicht gesprochen wird. Da ist einmal Klaras Gefühl, dass ihr Bruder das Lieblingskind der Mutter ist und ihr vorgezogen wird. Klara kann eine gewisse Eifersucht nicht unterdrücken (vgl. HL S. 10/R S. 39), fühlt sich zurückgesetzt, klagt

---

21 Schößler, Franziska: *Einführung in die Dramenanalyse*, S. 95.

22 Grundmann, Hilmar: *Von „Weiber-Emancipation" und „echten Weibern" in Hebbels Tagebüchern und Tragödien*. Ein literaturwissenschaftlicher Beitrag zur Gender-Forschung. Band 11. Frankfurt am Main: Peter Lang, 2006, S. 116.

aber nicht offen, obwohl auch der Vater den Eindruck hat, dass die Mutter zu nachsichtig ist und Karl immer in Schutz nimmt („über alles in der Welt sagt sie mir die Wahrheit, nur nicht über den Jungen“, HL S. 17/R S. 48; auch HL S. 23/R S. 56). Das Hauptproblem, die Schwangerschaft Klaras, kann ebenfalls nicht mit der Mutter besprochen werden, da diese schon bei viel geringeren Verstößen gegen die guten Sitten ungehalten ist („Ich will nicht hoffen, dass du ihn anderswo siehst als hier im Hause!“, HL S. 9/R S. 38). Sie missversteht die Reaktion Klaras anlässlich ihrer Krankheit (HL S. 13/R S. 43) und vermutet höchstens kleinere Unstimmigkeiten zwischen Leonhard und Klara. Sie kann also nicht als Vertraute der Tochter Rat geben und nach Lösungsmöglichkeiten suchen helfen.

Rolle als Ehefrau, Mutter und Hausfrau wird der Erwartung entsprechend erfüllt

Ihre eigene Rolle sieht sie als Hausmutter, die tugendhaft und fromm ist. Ihre Beziehung zu ihrem Mann ist durch Nachsicht und Unterordnung geprägt. Es gibt wenig Ausdruck von Emotion und Zärtlichkeit („Das [ein Kuss] fiel dir lange nicht mehr ein“, HL S. 22/R S. 55), aber es scheint dennoch eine enge eheliche Bindung zu bestehen. Lediglich hinsichtlich ihres Sohnes Karl gibt es Unstimmigkeiten („Mutter: ‚Gegen deinen Sohn, das muss ich dir sagen, bist du nur ein halber Vater.‘“, HL S. 23/R S. 56). Sie weiß, dass beide sehr verschieden sind, glaubt aber – im Gegensatz zu ihrem Mann – an das grundsätzlich Gute in Karl („Er ist anders als du, muss er darum gleich schlecht sein?“, HL S. 24/R S. 57). Die Beziehung zwischen Anton und seiner Frau ist zwar ohne erkennbare Zärtlichkeit, aber durch Treue und gegenseitige Fürsorge gekennzeichnet. Beide verhalten sich der Rollenerwartung entsprechend.

Sehr begrenzte Entfaltungsmöglichkeiten für Frauen in jener Zeit

Für Frauen – gleichgültig ob jung oder alt – sind die Möglichkeiten, sich zu entfalten und eigene Persönlichkeitsmerkmale auszuprägen, sehr begrenzt. Sie bleiben in ihrem Stand und ihrer Rolle als Hausfrau und Mutter verhaftet. Mutter („wir geringeren Leute“, HL S. 10/R S. 39) und Tochter („Ich bin noch immer keine Prinzessin.“, HL S. 11/R S. 41) wissen genau um ihre gesellschaftliche und finanzielle Bindung an Ehemann und Vater („Mutter: ‚Ich habe kein Geld, als was zur Haushaltung gehört.‘“, HL S. 8/R S. 37; „Klara: ‚sieht er's [der Vater] gar gern, wenn ich ihm für sein eignes Geld ein Tuch kaufe und es sauber sticke“, HL S. 11/R S. 40). Die Mutter rät deshalb Klara zu dem verfügbaren potenziellen Ehemann (vgl. HL S. 10/R S. 39; „Und dann die Mutter! ‚Halte dich zu deinesgleichen! Hochmut tut nimmer gut! Der Leonhard ist doch recht brav, alle wundern sich, dass du ihn über die Achseln ansiehst.‘“, HL S. 37/R S. 75), statt als alte Jungfer zu enden.

Klara fügt sich widerstandslos in die ihr zugedachte Rolle

Klara ist im heiratsfähigen Alter und übt sich zu Hause in ihre Pflichten ein. Als bürgerliche Tochter hat sie einerseits freie Gattenwahl, Liebe spielt also eher eine Rolle als noch im 17. Jahrhundert. Juristisch wird die Ehe aber zwischen dem zukünftigen Ehemann und dem Vater entschieden, im Notfall durch den Bruder als männlichen Vertreter der Familie („Wenn der Vater nicht da ist, so ist der Bruder Vormund!“, HL S. 47/R S. 88). Sie ist abhängig von dem Heiratsantrag bei dem Vater (vgl. HL S. 13/R S. 43 f.) und dessen Zustimmung. Sie selbst ist passiv und auf das Erbarmen (vgl. HL S. 37/R S. 74) der Männer angewiesen. Diese Situation bestimmt ihr Verhalten, sie fügt sich ohne Widerstand in die ihr zugedachte Rolle.

Die Männerwelt um Klara (Friedrich, Leonhard, Karl, der Vater) gesteht ihr keine Individualität zu

Als Klara nach langer Abwesenheit ihren Jugendfreund Friedrich wiedersieht, ist sie beeindruckt von dessen Gestalt und Männlichkeit. Sie wird schamrot, als er sie ansieht (vgl. HL S. 12/R S. 42). Aber sie gesteht ihm ihre Liebe erst, als es zu spät ist (vgl. HL S. 37/R S. 74). Leonhard hingegen nutzt die Situation aus und fordert Klaras Hingabe („Will sie mein Weib werden, so weiß sie, dass sie nichts wagt“, HL S. 13/R S. 42). Er rechtfertigt sein Verhalten, weist Klara die Schuld an seiner Eifersucht zu, hat keine Skrupel. Die bucklige Nichte des Bürgermeisters, der er gleichzeitig Komplimente macht, nennt er eine „leichtgläubige, manntolle Törin“ (HL S. 14/R S. 45). Von Klara fordert er Unterordnung und Kritiklosigkeit. Liebe spielt nur eine Rolle, wenn er sie damit unter Druck setzen kann (vgl. HL S. 41/R S. 79). Friedrich ist zwar beeindruckt von Klaras Ehrlichkeit ihm gegenüber, hat dann aber nur Mitleid mit ihr. Auch Karl fordert von seiner Schwester Dienstleistungen und Unterordnung. Er geht davon aus, dass sie keine Alternative zu ihrer Aufgabe in Haus und Familie hat, während er sein Leben neu gestaltet. Besonders der Vater setzt sie unter Druck und sieht nur sich und seinen Ruf. Er hält ihre Probleme für eine Lappalie, verweist auf ihre Jugend und sein Alter („Meinst du, du hast ein Recht mit mir zu fluchen, weil dein Schreiber davongelaufen ist?“, HL S. 27/R S. 62).

Die alte Generation verschließt sich den Neuerungen

Die Welt, die Anton am Schluss des Dramas nicht mehr versteht (HL S. 53/R S. 95), hat sich verändert. Das gilt allerdings vorwiegend für männliche Personen. Karriere- und Ausbildungsbedingungen („Die Welt wird immer klüger“, HL S. 10/R S. 39) sind besser geworden, die Jungen lernen früh lesen und schreiben und bekommen ganz andere Chancen als noch zu Meister Antons Jugendzeiten. Das wirkt sich auf das Verhalten der jungen Männer aus. Meister Anton sieht voller Unbehagen, dass dem Alter keine Ehrerbietung mehr entgegengebracht wird und die jungen Männer andere Wertvorstellungen haben als er (vgl. HL S. 16 f./R S. 47 f.). Er hatte von seinem Sohn erwartet, dass er von ihm im Alter versorgt wird („dann kommt dein Sohn, der dir für dein Alter ein weiches Kopfkissen stopfen sollte“, HL S. 28/R S. 62) und sieht sich stattdessen mit „Schande“ (ebd.) überhäuft. Seine Reaktion ist die Flucht in Ironie und Selbstmitleid, er schottet sich ab, statt die Veränderungen zu verfolgen und sich mit ihnen auseinanderzusetzen. Zwischen ihm und seinen Kindern gibt es keine ausgewogene und um Verstehen bemühte Kommunikation, sondern nur Anschuldigungen, Vorwürfe und feste Erwartungen.

Die Möglichkeiten zur Veränderung stehen vor allem den Männern offen

Für die jungen Männer sind die Voraussetzungen insgesamt entschieden besser als für die Frauen. Sie können viel selbstbestimmter und mit Alternativen über ihr Leben entscheiden und ordnen sich der älteren Generation nicht automatisch und respektvoll unter („Nun, so brauch ich mir von dem alten Werwolf auch nichts gefallen zu lassen, wenn er mein Schwiegervater ist!“ HL S. 20/ R S. 51 f.), sondern wollen sie eher belehren („ich könnte wünschen, der alte Kerl wäre hier, um eine Lektion in Empfang zu nehmen“, HL S. 43/R S. 82). Sie können zur Ausbildung in eine andere Stadt ziehen (Friedrich), Überstunden machen, um sich einen bestimmten Wunsch zu erfüllen (Karl, vgl. HL S. 8/R S. 37), ihre Karriere planen und die Initiative ergreifen (Leonhard). Sie können sogar völlig neue berufliche Wege einschlagen (Karl war Tischler, will dann zur See fahren) und ohne Verantwortung für andere alles hinter sich lassen. Statt Verzicht und Genügsamkeit sucht die junge männliche Generation Spaß und Lebensfreude („das hat die junge Welt vor uns Alten voraus, dass sie allenthalben ihre Erbauung findet“, HL S. 17/R S. 48). Diese Haltung kann Meister Anton nicht nachvollziehen.

Meister Anton

Meister Anton vertritt kompromisslos überlieferte kleinbürgerliche Werte. Dabei ist ihm aber der ehrbare Schein in der Öffentlichkeit wichtiger als alles andere. Sein Selbstverständnis und seine Selbstachtung sind unabdingbar an das öffentliche Ansehen gekoppelt.

Feste Vorstellungen von Regeln und Verhaltensweisen, die keinen Spielraum zulassen

→ Er hat eine schwere Kindheit und Jugend (vgl. HL S. 20 f./ R S. 52 f.) verlebt, ist dadurch hart und verschlossen gegen sich und andere geworden,

→ sagt von sich selbst, dass er „ein steinernes Herz“ (HL S. 27/R S. 62) hat, zeigt keine Gefühle der Trauer, Liebe, Wärme, des Verständnisses und Mitleids,
→ Klara ist nach Ansicht Karls sein Lieblingskind (vgl. HL S. 49/R S. 90),
→ ist nicht zärtlich, auch seiner Frau gegenüber nicht (vgl. HL S. 22/R S. 55),
→ gibt sich sehr fromm und gottesfürchtig, ist aber nur sehr bedingt gutherzig,
→ hat sehr feste Vorstellungen von Regeln und Verhaltensweisen (vgl. HL S. 46 f./R S. 86 f.); Dinge und Menschen haben unverrückbaren (gesellschaftlichen) Platz (Hut am Nagel, Normen im Umgang mit Sekretär, Gerichtsdiener etc.), innerhalb der Familie gibt es keinen Spielraum für den Einzelnen,
→ liebt die Enge, Begrenztheit,
→ duldet kein Anderssein, keine Späße (vgl. HL S. 24/R S. 57) oder Vergnügungen, keinen Widerspruch,
→ ist weltabgewandt, zynisch und ironisch, bitter und sarkastisch, verachtend, pessimistisch, kompromisslos,
→ setzt andere unter Druck, sieht nur die eigene Not (vgl. HL S. 52 f./R S. 94),
→ will seiner Rolle als Vater und Oberhaupt der Familie ohne Einschränkung gerecht werden,
→ nimmt öffentliches Ansehen und Ehre übersteigert ernst,
→ verkörpert die geltenden Normen, Werte und Maßstäbe, ist rigoros, starr und unbeirrbar, völlig von der Richtigkeit seiner Einstellungen und Forderungen überzeugt, ohne Selbstzweifel.

Mutter Therese

Die Mutter bildet ein Gegengewicht zur väterlichen Autorität. Sie ist eher als Typ, nicht als individueller Charakter[23] zu sehen und hat vorwiegend dramatische Funktion.

Entspricht der Rollenerwartung, dienend ohne Anspruch für sich selbst

- → Sie nimmt Sohn in Schutz (vgl. HL S. 23 f./R S. 56 f.),
- → entspricht den Rollenerwartungen an sie (sparsam, mildtätig, für die Erziehung der Kinder verantwortlich, ihrem Mann untergeordnet, fleißig und fromm),
- → ist harmoniebedürftig, liebevoll, zärtlich,
- → ist auf dienende Rolle eingestellt,
- → hat das von ihr erwartete innige Verhältnis zur Tochter, aber ein noch intensiveres zum Sohn Karl (vgl. HL S. 9 f., 17, 23 f./R S. 38 f., 48, 56 f.), wirft sich vor, ihn verwöhnt zu haben,
- → spürt in ihrer Irrationalität das Gute in Karl, hat aber Leonhards schlechten Charakter nicht erkannt und ihrer Tochter zugeraten (vgl. HL S. 37 f./R S. 75),
- → findet praktische Lösungen (I, 2), entwickelt keinen Anspruch für sich selbst,
- → sieht den eigenen Tod voraus.

Leonhard

Leonhard gehört zur Gruppe der Vertreter neuer Werte. Er kontrastiert in seiner Skrupellosigkeit die normentreue Klara.

Egoistisch, skrupellos, auf eigenen Vorteil bedacht

- → Er spekuliert auf die Mitgift Klaras (vgl. HL S. 19 f./R S. 51 f.),
- → ist intrigant, berechnend, skrupellos, karriereorientiert,
- → ist egoistisch und eifersüchtig,

---

23 Hein, Edgar: *Friedrich Hebbel: „Maria Magdalena“*. München: Oldenbourg, 1989 (Oldenbourg Interpretationen), S. 47.

→ ist selbst lieblos, fordert aber Liebe für sich,
→ nutzt alle Situationen für sich, sichert sich Beziehungen, nutzt Normen für seine Zwecke,
→ gefällt sich in der Rolle der „Schlange“ (listig, klug, HL S. 14/R S. 45),
→ ist nur kurzzeitig von Reue und Mitleid geplagt,
→ lenkt ein, wenn es für ihn von Vorteil ist.

Klara

Zur Einschätzung der Rolle Klaras gibt es unterschiedliche Positionen in der Literatur:

1. Sie wird als passiv, willenlos, als Opfer, aus der Welt gedrängt gesehen.
2. Ihr Sich-Fügen wird als freiwillige Unterordnung unter Notwendigkeiten verstanden. Ihr Handeln dokumentiert damit Einwilligung in die göttliche Ordnung, das Selbstopfer geschieht aus Liebe zum Vater.[24] Diese zweite Position entspricht Hebbels Auffassung: „Durch Dulden Tun: Idee des Weibes.“[25]

Selbstverleugnend, selbstvernichtend, schicksalsergeben

→ Sie ist selbstverleugnend, ordnet sich unter, gehorsam bis zur Selbstvernichtung,
→ übernimmt die ihr zugewiesene Rolle widerstandslos (pflegt kranke Mutter, versorgt verwitweten Vater, führt den Haushalt, bedient den Bruder, lässt sich von ihm bevormunden (dem damaligen Recht entsprechend),
→ ist opferbereit, will z. B. alles auf sich zu nehmen, wenn Leonhard sie heiratet (vgl. HL S. 41 f./R S. 80),

---

24 Position von Kurt May, in: Ders.: *Hebbels ‚Maria Magdalena' – Form und Bedeutung*. Stuttgart: Klett, 1957.

25 Hebbel, Friedrich: *Sämtliche Werke*. Historisch-kritische Ausgabe, Abt. 2: Tagebücher, 4. Band. Tagebucheintragung 1516, Februar 1839. Berlin: Behr, 1905, S. 286.

- → lässt sich erpressen, hört auf die Mutter und auf andere Leute (vgl. HL S. 37 f./R S. 75),
- → ist schuldbewusst, dienstbar, will ihrer Rolle als Tochter im vollen Umfang entsprechen,
- → ist fromm und gottesfürchtig, ehrlich,
- → wagt es nicht, einen eigenen Anspruch anderen gegenüber deutlich zu machen,
- → ist schicksalsergeben,
- → ist zu gut für die irdische Welt.

Karl

Karl bildet einen Gegenpart zu seinem Vater. Er ist Repräsentant der neuen gesellschaftlichen Normen und Vorstellungen.

Auflehnung, Widerspruch, drang nach Regellosigkeit

- → Er sperrt sich gegen die Bevormundung und Strenge im väterlichen Haus,
- → lehnt sich gegen den Vater durch Tat und Wort auf, widerspricht ihm offen (vgl. HL S. 51/R S. 92),
- → macht grundsätzlich aus seiner Meinung kein Geheimnis,
- → ist leichtsinnig und mit jugendlichem Drang nach Regellosigkeit, aber im Grunde seines Herzens gut (lässt die Mutter nicht allein, geht nicht zur See, damit sie sich keine Sorgen machen muss, vgl. HL S. 48 f./R S. 89),
- → gilt als „Säufer und Schuldenmacher“ (HL S. 39/R S. 69),
- → ist männlich im Hinblick auf seine Forderung nach Freiheit und Selbstbestimmtheit, möchte in die Welt gehen.

Friedrich

Im alten Wertesystem verhaftet

- → Er ist der Spielkamerad und Jugendfreund Klaras,
- → geht zum Studium in die Stadt, kümmert sich in der Zeit nicht mehr um sie,

- → ist weitgehend im alten Wertesystem verhaftet, übernimmt die Rolle der Ehrenrettung Klaras durch Duell mit Leonhard,
- → hat selbst feste Vorstellungen von Ehre und Männlichkeit („Darüber kann kein Mann weg.“, HL S. 38; 52/R S. 76; 94),
- → hat ein schlechtes Gewissen, fühlt sich schuldig am Tod von Klara.

3.5 Sachliche und sprachliche Erläuterungen

I. Akt		
HL S. 7/ R S. 35	**Myrtenbaum**	kleinblättriges, immergrünes Bäumchen mit weißen Blüten, wird als Zeichen der Reinheit zur Hochzeit als Kranz gewunden
HL S. 7/ R S. 35	**im Scherben**	im Blumentopf
HL S. 7/ R S. 36	**den sauren Schweiß eures Vaters zusammengehalten**	das mit schwerer körperlicher Arbeit des Vaters verdiente Geld nicht unnütz ausgegeben
HL S. 8/ R S. 36	**himmlische Hochzeit**	Tod als Einkehr in den Himmel (vgl. Gleichnis Mt. 22, 1–14)
HL S. 8/ R S. 36	**sieben Jungfrauen im Evangelium**	Hinweis auf Gleichnis in der Bibel, Mt. 25, 1–13
HL S. 8/ R S. 37	**Fahnenstück auf dem Wege war**	schmückendes Kleidungsstück, für das gespart werden musste
HL S. 9/ R S. 38	**zur Ader gelassen wurde**	früher praktiziertes Heilverfahren, bei dem die Blutentnahme durch die Vene erfolgt, meist verbunden mit unzureichendem medizinischen Wissen
HL S. 10/ R S. 38	**Das hat meine Mutter auch nicht gelitten!**	Das hat meine Mutter auch nicht geduldet.
HL S. 10/ R S. 39	**Docke**	Puppe
HL S. 12/ R S. 42	**Soldatenzeichen**	Bart als Zeichen von Männlichkeit und Stärke, im 19. Jahrhundert bei Soldaten sehr beliebt
HL S. 16/ R S. 46	**Dirne**	wertneutrale Bezeichnung für Mädchen oder junge Frau
HL S. 18/ R S. 49	**auszuschmälen**	auszuschimpfen

HL S. 19/ R S. 51	**Mahlschatz**	Mitgift; Geld, das die junge Frau mit in die Ehe nimmt
HL S. 21/ R S. 53	**Lehrgeld**	Früher wurde dem Handwerksmeister Geld bezahlt, damit man bei ihm lernen konnte.
HL S. 24/ R S. 57	**boßeln**	kegeln, mit Kugeln werfen
HL S. 26/ R S. 60	**Spießruten laufen**	früher Strafe beim Militär, hier: sich dem Spott und der Schande öffentlich aussetzen
II. Akt		
HL S. 27/ R S. 61	**wilder Schierling**	heimische Giftpflanze, wurde auch zur Vollstreckung von Todesurteilen verwen-det
HL S. 28/ R S. 62	**dein Haar raufen und deine Brüste zerschlagen**	Klageritual bei orientalischen Frauen und in der Antike
HL S. 28/ R S. 62	**Hippe**	sichelförmiges Messer als Attribut des allegorisierten Todes
HL S. 29/ R S. 64	**rasier ich den ganzen Kerl weg**	bringe ich mich um
HL S. 38/ R S. 75	**Beelzebub**	Teufel
HL S. 38/ R S. 76	**sieh die weißen Haare meines Vaters an**	nimm Rücksicht auf das Alter meines Vaters, zeig ihm Respekt
III. Akt		
HL S. 43/ R S. 83	**Stiefelknecht**	besonders geformtes Holzbrett, das zum Ausziehen von Stiefeln verwendet wird
HL S. 47/ R S. 87	**Rotrock**	Gerichtsdiener (die rote Uniformjacke, früher Rock genannt, als Zeichen)

HL S. 48/ R S. 89	**Dort bläht ein Schiff die Segel ...**	Anfangszeile aus einem von Hebbel verfassten Gedicht (*Der junge Schiffer*, 17. 11. 1836); Karl trägt das ganze Lied vor.
HL S. 49/ R S. 90	**Schoßkind**	Lieblingskind
HL S. 49/ R S. 90	**ein Weiberschicksal**	eine uneheliche Schwangerschaft mit fatalen Folgen
HL S. 53/ R S. 95	**Pharisäer**	biblische Figuren, stehen für selbstgerechte und heuchlerische Menschen[26]

26 Weitere Erklärungen in alphabetischer Reihenfolge finden sich im Glossar folgender Ausgabe: Hebbel, Friedrich: *Maria Magdalene*. Hg. von Joseph Kiermeier-Debre. München: dtv, Bibliothek der Erstausgaben, 1997.

3.6 Stil und Sprache

ZUSAMMENFASSUNG

Im Drama vorherrschend ist der antithetische und durch reiche Bildlichkeit geprägte Stil, eine Fülle von gezielt eingesetzten Stilmitteln ist zu beobachten. Die Kommunikation der Figuren entsteht miteinander, mit den Zuschauern und als Regieanweisung mit den Schauspielern und Dramaturgen. Klara als Hauptfigur wird im Laufe der tragischen Entwicklungen immer stummer, die Figuren reden beiseite oder aneinander vorbei. Dadurch wird deutlich, dass durch Kommunikation kein Problem gelöst wird.

Kommunikationssituation

Hebbel hat verschiedentlich (z. B. in seinen Tagebüchern, in dem Aufsatz *Über den Stil des Dramas* (1847) und in seinem *Vorwort* zu *Maria Magdalena*) betont, wie wichtig ihm die formale Gestaltung ist. Er entwickelte – z. T. sehr bildreich und abstrakt – Grundgedanken zu den Möglichkeiten und Aufgaben des Dramas und besonders der Tragödie als der höchsten Form der Poesie und Kunst überhaupt. Auch äußerte er sich kritisch über einfallslose Rezensenten und Stilklischees. Alle formale Konzeption ist für ihn der inhaltlichen, nämlich der Vermittlung zwischen der Idee und dem Welt- und Menschenzustand, untergeordnet.

Die Sprachgestaltung reflektiert die Entwicklung der Figuren

Die Sprachgestaltung in *Maria Magdalena* ist einerseits durch Hebbels Wunsch geprägt, die **Alltagssprache der Bürgerlichen** aufzunehmen. Dennoch kann man keinesfalls von einer umgangssprachlichen oder naturalistischen Sprachverwendung sprechen. Das sprachliche Verhalten der Charaktere in seinem Drama ist vielmehr gekennzeichnet durch eine Vielzahl von gezielt eingesetzten

Stilmitteln, durch aussagekräftige Symbole und Metaphern. Auch die sprachliche Präsenz der Charaktere bzw. ihr Verstummen (Aposiopese) bildet gezielt innere Handlung und Entwicklung ab.

Klaras sprachliche Präsenz

Durch Redeanteil und Sprachgestaltung wird Klaras Verzweiflung und ihre Vereinzelung sichtbar.[27] Ausgehend von Gesprächen, dann über vorwiegend monologisch gestaltete Szenen verstummt sie schließlich völlig und teilt sich am Schluss nicht einmal mehr dem Zuschauer mit. Bevor sie körperlich verschwindet und durch den Selbstmord die Welt verlässt, ist sie schon sprachlich nicht mehr präsent. In ihren Monologen aber wird ihre Sprache dichterisch, ausdrucksstark und bildreich.

Akt I

Klara tritt sprachlich immer mehr in den Hintergrund

Sobald er aufgetreten ist, nimmt Meister Anton den größten Teil der Redezeit für sich in Anspruch. Der übermächtige Vater stellt sich und seine Ansichten durch lange, monologartige Sequenzen dar. Klara, die eigentliche Hauptfigur, tritt in den Hintergrund. Alle auftretenden Personen haben größere Redeanteile als sie, abgesehen von einem Monolog am Ende der dritten Szene nach dem Weggang der Mutter. Bis hin zur letzten Szene des ersten Aktes ist sie sprachlich zunehmend weniger präsent und verstummt dann beinahe völlig. Sie ist schließlich nur noch zu Ausrufen („Ja! Ja! O mein Gott!“, HL S. 26/R S. 59; „Mutter! Mutter!“, HL S. 26/R S. 60) und gestammelten Beschwörungen („Vater, Er ist schrecklich!“, HL S. 26/R S. 59) in der Lage. Der Schwur am Schluss wird mit großen Pausen (mit kleiner, aber wichtiger Abweichung) dem Vater nachgesprochen.

---

27 Vgl. auch Reinhardt, Hartmut: *Friedrich Hebbel: „Maria Magdalena“*. In: Kreuzer, Helmut (Hg.): Friedrich Hebbel. Darmstadt: Wissenschaftliche Buchgesellschaft, 1989 (Wege der Forschung, Bd. 642), S. 402.

Akt II

Klara reflektiert ihre Situation in Monologen, die in Sprachlosigkeit enden

Von der Struktur her auffällig ist, dass in diesem Akt jede zweite Szene einen Monolog Klaras darstellt, in dem sie ihre Konfliktsituation reflektiert. Es ist konsequent, dass den anderen auftretenden Personen die größeren Redeanteile gegeben werden. Meister Anton beklagt ausführlich sein Schicksal und stellt sich in den Mittelpunkt. Weiterhin werden Informationen gegeben (Wolfram berichtet über die Entdeckung der Juwelen) und Erklärungen geliefert (Beziehung des Sekretärs zu Klara). Klara kann sich keinem wirklich anvertrauen und selbst die Gefühlsausbrüche (vgl. II, 5) enden schnell wieder in Sprachlosigkeit. Klaras Monologe sind deshalb Gebete („O Gott, o Gott! Erbarme dich! Erbarme dich über den alten Mann!“, HL S. 31/R S. 66) und imaginierte Gespräche mit dem Vater („Nun, Klara? Ja, Vater, ich gehe, ich gehe! Deine Tochter wird dich nicht zum Selbstmord treiben!“, HL S. 39/R S. 77).

Akt III

Klara beschränkt sich auf nonverbales Verhalten oder redet bruchstückhaft

In diesem Akt monologisieren die Männer um Klara: Leonhard, der Sekretär und Karl. Sie sind jeweils mit ihrer Situation beschäftigt. Klara bringt (in III, 2) ihr Anliegen, sie zu heiraten, Leonhard gegenüber noch einmal eindringlich zum Ausdruck. Nachdem Leonhard sie endgültig abgewiesen hat, beschränkt sie sich auf nonverbales Verhalten („nickt“, HL S. 43/R S. 81) oder spricht „wie geistesabwesend“ (HL S. 43/R S. 82) und stammelnd. Sie bricht im Satz ab („Karl! Du wirst doch nicht –“; „Bruder, du redest –“, HL S. 48/R S. 89) und redet für den Bruder in Rätseln („Klara: ‚… Ja, ich muss fort, fort!‘ Karl: ‚Was soll das heißen?‘“, HL S. 49/R S. 90). Die letzten Worte sind das bruchstückhaft aufgesagte Vaterunser („Vergib mir, wie ich – Sei mir gnädig – gnädig –“, HL S. 50/R S. 92), bevor sie Selbstmord begeht.

Weitere Aspekte der Kommunikation

a) Die Personen sprechen auf verschiedenen Ebenen, reden aneinander vorbei:

Aneinander vorbeireden

> „Mutter: ‚… wo ich die frömmsten und besten Vorsätze meines Lebens fasste. Es soll mich an die mahnen, welche ich noch nicht gehalten habe!'
> Klara: ‚Du sprichst noch immer wie in deiner Krankheit!'" (HL S. 8/R S. 36)

b) Es entsteht eine Diskontinuität des Gesprächsverlaufs. Die Redeteile gehen nicht aus dem vorher Gesagten hervor, sondern es wird sprunghaft zum nächsten Thema gewechselt:

Sprunghafter Themenwechsel

> „Klara: ‚… was sagte er? Versuch doch, ob du mir den verfluchten Span nicht aus dem Auge herausbringen kannst, man hat so viel zu tun und kommt nicht vom Fleck!'
> Mutter (lächelnd): ‚Ja, ja! Ich sehe den Leonhard ja gar nicht mehr. Wie kommt das?'" (HL S. 9/R S. 38)

c) Häufig wird das Beiseitesprechen der Personen eingesetzt (z. B. HL S. 10, Z. 32/R S. 39, Z. 31). Die durch die Regieanweisungen gekennzeichnete Gestik und Mimik verstärkt den Eindruck der Isolation. Sie wenden sich also nicht an den anwesenden Gesprächspartner, sondern sprechen für sich bzw. für das Publikum (z. B.: „Er reicht ihr den Brief, sie nimmt ihn mechanisch.", „für sich", „er streicht ihr die Locken zurück, sie lässt es geschehen, als ob sie es gar nicht bemerkte", „wie geistesabwesend", „Für sich."; HL S. 43/R S. 82).

Beiseitesprechen

Sprachgestaltung

Komplexe Sprache, Fülle von Stilmitteln

Die Sprachgestaltung des Dramas ist einerseits den Personen und ihren Charaktereigenschaften angepasst. Darüber hinaus ist aber eine Fülle von gezielt eingesetzten Stilmitteln zu beobachten. Vorherrschend ist der antithetische und durch reiche Bildlichkeit geprägte Stil. Hebbel rechtfertigt seine komplexe Sprache mit der Wichtigkeit des Themas und (u. a.) dem Hinweis auf Shakespeare.[28] Bilder und Symbole sind häufig biblischen Ursprungs. Auch die Blumensprache und Farbsymbolik spielen eine Rolle.

MERKMAL	FUNKTION	BEISPIEL	SEITE
Chiasmus, Antithese	Hervorhebung der Kontraste, thematischer Gegensatz, Verknüpfung mit Symbolgeflecht (hier: Leben/ Tod, weltliche/himmlische Hochzeit, Reinheit/ Sünde etc.)	„Mein Brautkleid ist's nicht mehr; es ist nun mein Leichenkleid"	HL S. 7/ R S. 35
Metaphorik: Vergleiche, Personifikation	Veranschaulichung, dramatische Spannung	„es war der Rosenbusch, der mein Kleid mit seinen Dornen, wie mit Zähnen, festhielt"	HL S. 13/ R S. 43
Symbole, Metonymien, Metapher	leitmotivische Verknüpfung, Betonung der Gegensätze, Empfindungen der Sprechenden	„Sei du ohne Falsch, wie die Taube, ich will klug, wie die Schlange sein"	HL S. 14/ R S. 45

28 Vgl. das Vorwort Hebbels zu *Maria Magdalena*, R S. 15 f.

MERKMAL	FUNKTION	BEISPIEL	SEITE
	Reflexionsverschiebungen[29]	„Ich bin so wenig, wie Er, als ein borstiger Igel zur Welt gekommen" „Oh, dieser festgenagelte Sonnenschein und all die Heiterkeit um mich her!"	HL S. 20/ R S. 52 HL S. 36/ R S. 73
Voraus-deutungen	Textverknüpfung, Einblick in Motivation und Empfindung (hier: Tod als Verlockung), Kontrastierung (hier: Brunnen als Symbol für weibliche Lebenssphäre, Liebe und Fruchtbarkeit; Märchen), Verstärkung der tragischen Ironie	„Drei Brunnen triffst du auf dem Weg zu ihm – Dass du mir an keinem stehen bleibst!"	HL S. 39/ R S. 77
Sentenzhafte Aussagen, biblische Sprache	Verallgemeinerung einer Meinung, Hervorhebung der belehrenden und starren Haltung Meister Antons, religiöser Bezug	„denn Kinder sind wie Äcker, man sät sein gutes Korn hinein, und dann geht Unkraut auf"	HL S. 18/ R S. 49
Ironie und Sarkasmus	Ausdruck der Verbitterung Meister Antons	„Gott Lob, ich habe in meinem Karl einen braven Lehrer, der rücksichtslos und, ohne das alte Kind durch Nachsicht zu verzärteln, gegen meine Vorurteile zu Felde zieht."	HL S. 16 f./ R S. 47

29 Genaue Untersuchungen zum Bezug zwischen Sprache und Bewusstsein im Kapitel „Sein und Bewusstsein in *Maria Magdalena*", in: Kleinschmidt, Gert: *Die Person im frühen Drama Hebbels*. Lahr/Schwarzwald: Moritz Schauenburg, 1965, S. 66 ff.

MERKMAL	FUNKTION	BEISPIEL	SEITE
Wiederholungsanschluss	formale Gleichheit bei gleichzeitig deutlich anderen Gedankengängen zeigt Sarkasmus, scheinbares Aufeinander-Eingehen	„Klara: ‚Werd Er doch wieder ruhig!‘ Anton: ‚Werd Er doch wieder gesund! Warum ist Er krank! Ja, Arzt, reich mir nur den Trank der Genesung!‘“	HL S. 29/ R S. 63
lange, monologisierende Aneinanderreihungen von Aussagen ohne Sprechpause oder Kommunikation mit anderen	Isoliertheit und Zurückgezogenheit der Personen in sich selbst wird deutlich, kein Eingehen auf Kommunikationspartner	„Mein Vater arbeitete sich, weil er sich Tag und Nacht keine Ruhe gönnte, schon in seinem dreißigsten Jahre zu Tode, meine arme Mutter ernährte mich mit Spinnen so gut es ging, ich wuchs auf, ohne etwas zu lernen, ich hätte mir …“	HL S. 20 f./ R S. 52 f.
Verschweigen (Aposiopese)	Sprechender verstummt mitten im Satz, ohne das Entscheidende gesagt zu haben; fehlende Kommunikation, beängstigende Andeutungen, unausgesprochene Vermutungen	„Meister Anton: … ‚Wer weiß, ob die Tochter nicht –‘“ „Meister Anton: ‚Er ist unschuldig, und du – du –‘“	HL S. 25/ R S. 58 HL S. 26/ R S. 59
Beiseitesprechen (À part)	Misstrauen, Verschweigen, Kommunikation mit dem Zuschauer	„Es ist doch vielleicht –– – (Abgehend.) Schrecklich! Aber gut für mich!“	HL S. 25/ R S. 58
Vielzahl der Ausrufesätze	besonders bei Klara Ausdruck der Verzweiflung, bei Anton Ausdruck der Rigorosität, Entschlossenheit	„Jesus!“ „Mutter! Mutter! Was sie für Augen macht!“ „Vater, Vater, ich kann nicht!“	HL S. 25/ R S. 58 HL S. 26/ R S. 59

3.7 Interpretationsansätze

ZUSAMMENFASSUNG

- → Der Titel des Dramas: Bezüge zwischen der biblischen Figur und der Heldin Klara.
- → Der tragische Konflikt und die Konfliktlage Klaras: Einordnung des Dramas in die zweite Phase des bürgerlichen Trauerspiels.
- → Die Rolle von Geld und Besitz: Einfluss auf die Entwicklung der Handlung in bürgerlichen Trauerspielen grundsätzlich und genau in diesem Drama.
- → Das Verhältnis zwischen Gesellschaft und Individuum: Scheitern des Einzelnen, wenn gesellschaftliche Ansprüche und Normen absolut gesetzt werden.
- → Die Beziehung zwischen Vätern und Töchtern: Abriss über exemplarische Dramen mit dieser spezifischen familiären Personenkonstellation.

Der Titel des Dramas

Nur auf Veranlassung des Verlegers bekam das Drama den Titel *Maria Magdalena*, denn Hebbel hatte seinem Drama ursprünglich den Titel *Klara* nach seiner Hauptfigur gegeben. Die erste Druckfassung von 1844 enthält allerdings den Titel *Maria Magdalene*. Diesen Druckfehler behandelt die Forschung immer noch.[30]

Bezug zur biblischen Figur Maria von Magdala

Mit dem neuen Titel wird ein Bezug zur biblischen Figur der Maria von Magdala hergestellt, die im Neuen Testament in Mt. 28, 1, in Lk. 8, 2 und in Joh. 19, 25; 20, 1–18 Erwähnung findet (vgl.

---

30 Vgl. Schößler, Franziska: *Einführung in das bürgerliche Trauerspiel und das soziale Drama.* Darmstadt: Wissenschaftliche Buchgesellschaft, 2003, S. 72 f.

auch die Materialien dieser Erläuterung S. 99 f.). Diese ist nicht eindeutig festlegbar und hat zahlreiche Geschichten und Legenden hervorgebracht: Sie ist eine von den Frauen, die Jesus nachfolgen und die mit ihrem Vermögen für den Unterhalt Jesu und seiner Jünger sorgen. Er hat sie von sieben bösen Geistern befreit (Mk. 16, 9; Lk. 8, 2). Maria ist bei der Grablegung Jesu dabei (Mk. 15, 47), und er erscheint ihr nach seinem Tode als Auferstandener.

In der kirchlichen Überlieferung wird Maria Magdalena auch der namenlosen Sünderin (Hure oder Ehebrecherin) und Büßerin aus Lk. 7, 35–50 gleichgesetzt. Dieser Person verzeiht Christus im neuen Testament ihre Sünden und fordert die aufgebrachten Mitbürger zum Überdenken der eigenen Schuldlosigkeit auf. Im Mittelalter bekommt Maria Magdalena die Rolle einer Eremitin und Büßerin und wird weithin verehrt.

Klara und Maria

Der Bezug zur Hauptfigur des Dramas, Klara, ist eine Frage der Interpretation, er liegt nicht auf der Hand. Aspekte der Verknüpfung sind:

→ Gläubigkeit, Religiosität,
→ Sünde und Vergebung, Ehre,
→ Dienerin, Unterordnung,
→ Verweigerung der eigenen Identität.

In diesem Kontext kann das Drama als Kritik Hebbels an den Bürgern seiner Zeit verstanden werden, denen Mitleid und Vergebungsbereitschaft, wie sie noch Lessings Stücke ausdrücklich fordern, abhanden gekommen sind.[31] Statt Mitleid und Verständnis entwickeln Hebbels Figuren Härte und einen rigiden, unmenschlichen Ehrbegriff. Analogien zwischen Klara und Maria Magdalena bestehen in der Idee der Sünde und deren Vergebung, der Verweigerung einer eigenen Identität und in ihrer „Rolle als Jüngerin, mit ihrem Ethos

———

31 Vgl. ebd., S. 73 f.

des Dienens und als Empfängerin und Verkünderin der Osterbotschaft sowie der darin enthaltenen Glaubensgewissheit“[32]. Klaras Selbstmord wird in der Literatur überwiegend nicht als Buße für ihre Sünde, sondern als bedingt durch den Druck des Vaters gesehen.[33]

Der tragische Konflikt

Hebbels Definition von Tragik

Hebbel reiht *Maria Magdalena* ausdrücklich in die Tradition der bürgerlichen Trauerspiele ein, von denen er einige gelesen hat, während er an seinem Drama schrieb.[34] Dabei distanziert er sich bewusst von rührseligen und nur publikumswirksamen Dramen seiner Zeit (z. B. von Gutzkow). Seinem Verständnis nach muss das Tragische „als ein von vornherein mit Notwendigkeit Bedingtes, als ein, wie der Tod, mit dem Leben selbst gesetztes und gar nicht zu Umgehendes, auftreten“[35].

In Abgrenzung von früheren bürgerlichen Trauerspielen schließt er Standeskonflikte (nach dem Muster Lessings, Lenz' oder Schillers) als tragisches Motiv aus. Bürgerliche verfügen seiner Meinung nach über eine eigene Fallhöhe:

> „Es ist ein bürgerliches Trauerspiel. Das bürgerliche Trauerspiel ist in Deutschland in Misskredit geraten, und hauptsächlich durch zwei Übelstände. Vornehmlich dadurch, dass man es nicht

---

32 Radvan, Florian: *Kommentar zu Friedrich Hebbel: Maria Magdalena*. Text und Kommentar. Frankfurt am Main: Suhrkamp Basisbibliothek, Nr. 74, 2004, S. 105.

33 Eine exemplarische Sammlung von Texten mit der Hauptfigur Maria Magdalena (von Jacobus de Voragine, Goethe, Balzac, Fontane, Virginia Woolf u. a.) findet sich in: Held, Heinz-Georg (Hg.): *Maria Magdalena. Die heilige Sünderin*. Ein Lesebuch. Die Frau in der Literatur. Frankfurt am Main: Ullstein Taschenbuch, 1988.

34 Christian Rochow bezweifelt, dass Hebbel tatsächlich eine bürgerliche Tragödie gelungen ist. Er hält das Drama, das die Situation des Kleinbürgertums in der Mitte des 19. Jahrhundert genau schildert, eher für ein „Familiendrama alten Schlags“ (S. 213) und begründet dies ausführlich. In der Zeichnung der Figuren Karl und Leonhard sieht er die „Konturen eines neuen epischen sozialen Dramas“ (S. 212), in: Ders.: *Das bürgerliche Trauerspiel*. Stuttgart: Philipp Reclam jun., 1999, S. 209–214.

35 Aus Hebbels Vorwort zum Drama in der Reclam-Ausgabe, R S. 26, Z. 2 ff.

aus seinen inneren, ihm allein eigenen, Elementen, aus der schroffen Geschlossenheit, womit die aller Dialektik unfähigen Individuen sich in dem beschränktesten Kreis gegenüberstehen, und aus der hieraus entspringenden schrecklichen Gebundenheit des Lebens in der Einseitigkeit aufgebaut, sondern es aus allerlei Äußerlichkeiten, z. B. aus dem Mangel an Geld bei Überfluss an Hunger, vor allem aber aus dem Zusammenstoßen des dritten Standes mit dem zweiten und ersten in Liebesaffären, zusammengeflickt hat."[36]

Kein Standeskonflikt

Er betont, dass „hier das Tragische nicht aus dem Zusammenstoß der bürgerlichen Welt mit der vornehmen, woraus freilich in den meisten Fällen auch nur ein gehaltsloses Trauriges hervorgeht, abgeleitet ist, sondern ganz einfach aus der bürgerlichen Welt selbst, aus ihrem zähen und in sich selbst begründeten Beharren auf den überlieferten patriarchalischen Anschauungen und ihrer Unfähigkeit, sich in verwickelten Lagen zu helfen."[37]

Enge der kleinbürgerlichen Welt birgt die tragische Unfähigkeit der Personen in sich, sich von ihr zu distanzieren

Seinen Charakteren fehlen der Mut und das Selbstvertrauen, sich aus den engen Grenzen kleinbürgerlicher Moral zu lösen und alternative Lebensentwürfe zu realisieren. Sie halten unkritisch und unmenschlich an herkömmlichen Normen fest. Die Bewertung durch andere, formalisierte Begriffe von Ehre und Schande bestimmen ihr Verhalten (vgl. zu diesen Begriffen auch die Materialien dieser Erläuterung S. 101 f.). Hebbel geht es nicht allein um den Protest gegen bürgerliche Wertmaßstäbe. Er will zeigen, dass diese Enge der kleinbürgerlich normierten Welt die tragische Unfähigkeit der

36 Ebd., S. 25, Z. 23–36

37 In einem Brief an Auguste Stich-Crelinger vom 11. Dez. 1843, zitiert nach Guthke, Karl S.: *Das deutsche bürgerliche Trauerspiel*, S. 131; vgl. dazu auch einen Brief Hebbels in den Materialien in dieser Erläuterung S. 100 f.

bürgerlichen Personen in sich birgt, sich von sich selbst und ihrer Welt zu distanzieren, sich als Individuen gegen die Ansprüche der Gemeinschaft zu behaupten. Denn dazu ist es notwendig, das feste bürgerliche Normensystem zu relativieren. Gerade dazu ist aber keine Gestalt in *Maria Magdalena* imstande. Die Zentralfigur Klara opfert sich. Sie handelt innerhalb ihres Sittenverständnisses als „Tochter des alten Mannes", der ihr „das Leben gegeben hat" (HL S. 41/R S. 79). Meister Anton, der sie mit seiner Rigorosität in den Tod treibt, erreicht seinerseits „jene tragische Dignität …, die das Formgesetz der Tragödie fordert."[38]

Alle Figuren bleiben im traditionellen Wertesystem verhaftet

Das Drama gibt keinerlei Hinweis auf einen versöhnlichen Ausblick. Der Tod Klaras hat kein Umdenken und kein Zweifeln an der eigenen Position vonseiten des Vaters zur Folge. Weder Karl mit seinem Verlangen nach Ausbruch und Selbstbestimmtheit noch Leonhard in seinem Egoismus können als Prototypen einer neuen Sittlichkeit, eines besseren Wertesystems gesehen werden; allein der Sekretär erkennt – zu spät – während seines Sterbens sein schuldhaftes Verhalten, weil auch er noch im traditionellen Wertesystem verhaftet war.

Die Konfliktlage Klaras

Ausgangslage:

→ Klara hat sich zum vorehelichen Beischlaf überreden lassen, ist schwanger, verstößt damit gegen bürgerliche Sitte und religiöses Gebot. Sie muss schnellstmöglich heiraten, um dem Kind eine bürgerliche Existenz zu ermöglichen und den Schein der Ehrhaftigkeit zu wahren.

---

38 Reinhardt, Hartmut: *Hebbels Dramatik*. In: Hinck, Walter (Hg.): Handbuch des deutschen Dramas. Düsseldorf: Bagel, 1980, S. 245.

- → Der Vater nimmt ihr den Schwur ab, die Ehre der Familie nach außen aufrechtzuerhalten. Andernfalls will er sich umbringen. Klara weiß zum Zeitpunkt des Schwures schon, dass sie diesen Schwur nicht halten kann. Sie wäre somit schuld am Tod des Vaters.
- → Der Vater ihres ungeborenen Kindes löst die Verlobung auf und trennt sich von ihr. Als Grund nennt er den Verdacht gegenüber Klaras Bruder. Tatsächlich ist die fehlende Mitgift Klaras ausschlaggebend.

Das Dilemma:
Klara hat die Wahl zwischen einem möglichen Tod des Vaters (Vatermord), Abtreibung oder Ermordung des Kindes sofort nach der Geburt (Kindesmord) und Selbstmord. In jedem Fall begeht sie eine Todsünde.

Erschwerende Umstände:
- → Klara wertet die Krankheit der Mutter als göttliche Strafe für ihr Fehlverhalten, sie fühlt sich als sündiger Mensch.
- → Sie hat keine Vertraute, mit der sie das Problem besprechen kann.
- → Der Vater ihres Kindes entpuppt sich als charakterlich schlechter Mensch.
- → Die Verdächtigung des Bruders und der Tod der Mutter sind eine zusätzliche Belastung.
- → Eine Beziehung zu Friedrich, ihrer Jugendliebe, wäre möglich gewesen, wenn sie auf ihn gewartet hätte.
- → Karl will nach seiner Entlassung aus dem Gefängnis zur See gehen und Klara mit ihrem Vater allein lassen.

Mögliche Lösungen:
→ Heirat Leonards
→ Heirat Friedrichs
→ Unfall mit Todesfolge für Klara und ihr ungeborenes Kind

Fazit:
Es gibt keine Möglichkeit des glücklichen Ausgangs. Jede Verhaltensvariante Klaras (Heirat Leonhards, Heirat des Sekretärs, Selbstmord als Gattin Leonhards, Vatermord, Kindesmord) erweist sich als unmöglich oder sündhaft. Sie wählt ihrem Vater zuliebe den als Unfall getarnten Selbstmord. Diese Absicht wird erkannt, der Plan geht also nicht auf.

Klara hat den Ansprüchen der Kirche, des bürgerlichen Standes mit seinen festen Normen und dem Druck des Vaters nichts entgegenzusetzen und wird so zum Opfer.

Geld und Besitz im bürgerlichen Trauerspiel

→ Habgier, Geldgier, Geiz		→ Wohltätigkeit, Großzügigkeit
→ Spielsucht, Glücksspiel		→ Almosen geben
→ Verführung durch Geld	⟷	→ Tugendhaftigkeit, Unschuld
→ Bestechlichkeit		→ Ehrlichkeit
→ Verschwendung		→ Sparsamkeit
→ Schulden, Luxus		→ Fleiß, Genügsamkeit

Geld und Besitz sind dramaturgisch bedeutsam

Im bürgerlichen Trauerspiel des 18. Jahrhunderts spielen Geld und Besitz eine große Rolle. Verschwendung und Spielsucht führen zu problematischen Situationen, Geiz oder Habgier verursachen Leid, Erbschaften und Finanzplanungen, fehlendes Vermögen beeinflussen Entscheidungen, „die Liebe wird bei Heiratsplanungen dem Reichtum geopfert“[39]. Das bürgerliche Mädchen gibt Tugend und Unschuld hin, wenn Liebes- und Eheversprechen mit Wertgeschenken und wirtschaftlichem und sozialem Aufstieg verbunden scheinen. Armut wird häufig als Schande angesehen, Wohltätigkeit, Rechtschaffenheit und das Geben von Almosen dagegen als Tugend. Geld verführt und macht bestechlich. Fehlendes Geld treibt die dramatische Handlung voran. Auch im 19. Jahrhundert ist der Aspekt Geld und Besitz dramaturgisch bedeutsam. Hebbel selbst weist in seinem Vorwort auf den „Mangel an Geld bei Überfluss an Hunger“ (R S. 25, Z. 33 f.) als dramenwirksames Element hin, nennt dies aber eine Äußerlichkeit, die „Trauriges, aber nicht Tragisches“ (R S. 26, Z. 1) enthält. Gleichwohl erzeugt Armut in seinem Drama die Zwangslage Klaras und Scham bei Meister Anton. Alle Charaktere werden stark durch ihre finanzielle Situation und Einstellung zum Geld bestimmt.

In dem Drama *Maria Magdalena* werden ausdrücklich die schwierigen Zeitumstände (vgl. HL S. 23/R S. 56) angesprochen, aber es gibt in der gehobenen Bürgerschicht auch Leute, „die Juwelen besitzen“ (z. B. Kaufmann Wolfram, HL S. 23/R S. 56). Die Hauptfiguren entstammen hauptsächlich dem Handwerkermilieu, deren Armutserfahrung Hebbel aus seinem eigenen Leben kennt. Diese, aber auch höher gestellte Bürgerliche haben ihr Auskommen durch Fleiß und Sparsamkeit. Wer Schulden, auch Spielschulden (vgl. HL S. 24/R S. 57) macht, hat seinen guten Ruf verloren.

Unter dem Gesichtspunkt des Besitzes und des Geldes ergibt sich für Hebbels Drama folgendes Bild:

---

39 Fiederer, Margrit: *Geld und Besitz im bürgerlichen Trauerspiel*. Würzburg: Königshausen & Neumann, 2002, S. 131. Hier findet sich eine ausführliche Erarbeitung des Themas an vielen Beispielen, Register der Dramentitel S. 399–402.

Meister Anton

- → verschenkt Mitgift Klaras, begleicht Schulden des ehemaligen Ausbilders aus Dankbarkeit und wahrt das Schweigen über dessen finanzielle Notlage,
- → kennt extreme Armut aus eigener Kindheit, schämt sich deswegen.

Mutter

- → ist sparsam, haushaltet und wirtschaftet mit Bedacht, gibt Almosen an Arme („einen Pfennig für die Armen", HL S. 7/R S. 36), erhofft sich dadurch göttliche Belohnung („Lohntag", HL S. 8/R S. 36),
- → spart sich Extras für Kinder (Kleidung, Geld für Karl) vom Haushaltsgeld ab, ist selbst genügsam, verweigert Schleckereien (stellt den Zucker hoch, vgl. HL S. 34/R S. 71).

Klara

- → verfügt nicht über eigenes Geld, weiß nichts über ihre Mitgift, gerät aber in ihre Notlage wegen der fehlenden Mitgift (Leonhard verlässt sie, weil sie kein Geld mit in die Ehe bringt),
- → lässt sich von Leonhard erpressen, gibt ihre Jungfräulichkeit und Tugend her.

Karl

- → neigt zu Luxus und Verschwendung, genießt äußerliche Attribute des Wohlstandes („goldene Kette", HL S. 8/R S. 37), hat Spielschulden, die teilweise vom Vater bezahlt werden, geht in Kneipen, macht dafür aber auch Überstunden, erbettelt zusätzlich Geld von der Mutter,
- → sein Umgang mit Geld führt zu Verdacht und Vorurteil,

- sein Vater träumt, er sei reich geworden und zähle „Goldstücke von einer Hand in die andere“ (HL S. 29/R S. 63).

Kaufmann Wolfram

- besitzt Juwelen,
- seine Frau ist geistig verwirrt, boshaft und schadenfroh geworden, versteckt Geld, stielt Goldrolle, bringt dadurch andere in Schwierigkeiten,
- versucht, den Geisteszustand der Frau und ihre Taten zu vertuschen.

Leonhard

- gibt zwar vor, dass ihm die fehlende Mitgift nichts ausmacht (vgl. HL S. 19/R S. 51), ist aber extrem interessiert an dem Geld,
- begründet die Entlobung von Klara nach außen mit der Unvereinbarkeit seines Postens mit der Nähe zu einem potenziellen Verbrecher (Karl), tatsächlicher Auslöser sind aber die fehlende Mitgift und Karriereplanung,
- gibt Meister Anton die Schuld („Wer die Aussteuer seiner Tochter wegschenkt, der muss sich nicht wundern, dass sie sitzen bleibt.“, HL S. 43/R S. 82).

Gesellschaft und Individuum

Gesellschaftliche Zwänge vs. Selbstverwirklichung des Einzelnen

Die tragische Grundspannung in Hebbels Dramen besteht in der Dialektik zwischen dem Individuum, das nach Selbstverwirklichung und Loslösung strebt, und dem „Ganzen“, den „Notwendigkeiten“ im Sinne gesellschaftlicher Zwänge. Hebbel geht davon aus, dass die Spannung nicht im Widerstreit, sondern durch die Bereitschaft zur Versöhnung ausgetragen werden muss. Versöhnung bedeutet für ihn Einsicht in die Notwendigkeit des tragischen Prozesses und Aufgabe von Vereinzelung.

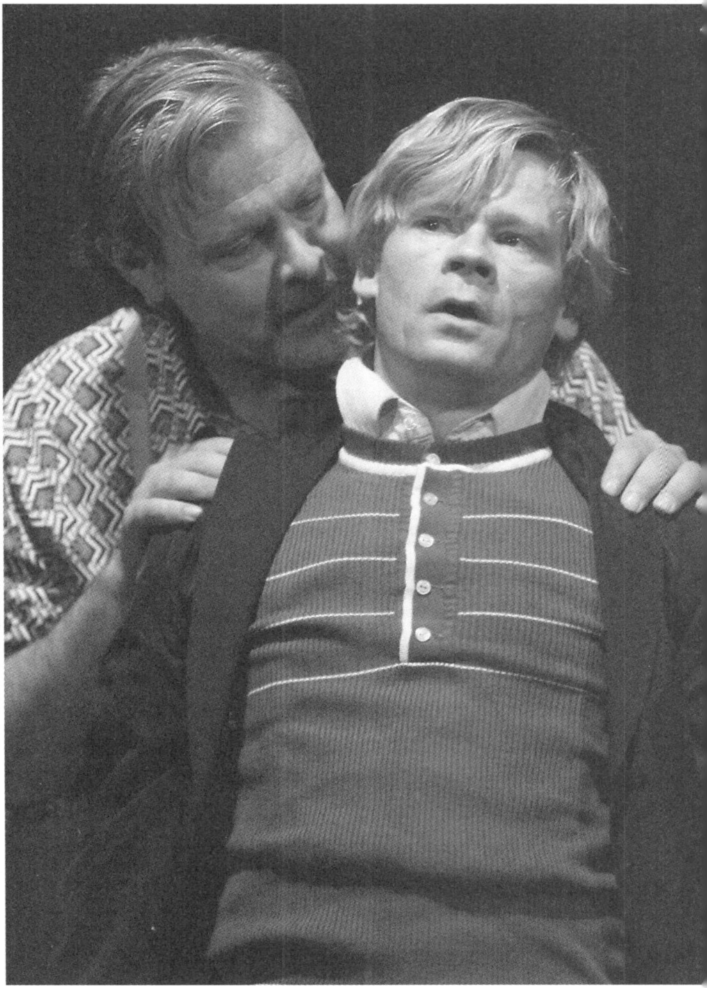

Meister Anton gesteht Leonhard das Fehlen einer Mitgift für Klara (I. Akt, 5. Szene). Aufführung im Maxim Gorki Theater Berlin 2007 © picture-alliance / ZB

Eine weitere literarische Zielsetzung ergibt sich aus einem Brief Hebbels an seinen Verleger Campe (2. 6. 1844):

> „Ich habe mir kein geringeres Ziel gesteckt, als den ganzen gegenwärtigen Welt-Zustand, wie er sich im Verlauf der Geschichte abwickelt und jetzt zur Katastrophe (denn unleugbar steht uns eine solche in Staat und Kirche wie in Wissenschaft und Kunst bevor) gesteigert hat, in einer Reihe von miteinander korrespondierenden Bildern darzustellen."[40]

Hebbels Dramen gestalten immer wieder das Verhältnis zwischen Individuum und Gesellschaft. Zur Darstellung des Problems werden die Begriffe „Asymmetrie"[41] und „Maßlosigkeit"[42] in der Forschungsliteratur gewählt.

Asymmetrische Beziehungen

Ungleichgewicht in einer Zweierbeziehung

Als Keimzelle tragischer Ereignisse wird ein Ungleichgewicht in einer Zweierbeziehung (häufig Vater-Tochter-Beziehung oder ähnliches Verhältnis) gesehen, in der der eine Teil über den anderen dominiert. Die Unterordnung des meist weiblichen Partners erfolgt, weil er Liebe und Schutz vor der Welt sucht, zumindest anfangs durchaus freiwillig. Sobald aber die unbegrenzte Verfügungsgewalt gefährdet ist, weil der Beherrschte sein Vertrauen missbraucht sieht

---

40 In: Ehrismann, Otfried et al. (Hrsg.): *Friedrich Hebbel. Briefwechsel 1829–1863. Historisch-kritische Ausgabe in 5 Bänden, Wesselburer Ausgabe*. München: judicium verlag, 1999, S. 612 f.

41 Zum Beispiel bei Thomsen, Hargen: *Patriarchalische Gewalt als Grundkonflikt Hebbelscher Tragik*, in: Häntzschel, Günter (Hg.): „Alles Leben ist Raub". Aspekte der Gewalt bei Friedrich Hebbel. München: Iudicium, 1992.

42 Zum Beispiel bei Grundmann, Hilmar: *Friedrich Hebbel – In seinen Helden gebar sich der moderne Mensch oder was die Postmoderne von ihnen lernen kann*. In: Koller-Andorf, Ida und Grundmann, Hilmar (Hg.): Hebbel – Mensch und Dichter im Werk, Problemdrama und Postmoderne. Hamburg: LIT-Verlag, 1998 (Schriftenreihe der Friedrich-Hebbel-Gesellschaft Wien, Bd. 6).

oder individuelle Bedürfnisse entwickelt, wird die Machtposition mit gewaltsamen Mitteln durchgesetzt.

Bei *Maria Magdalena* ist Klara diejenige, die sich in deutlicher Abhängigkeit von den sie umgebenden Menschen und zerstörerischen gesellschaftlichen Normen befindet. Sie hat die vom Vater dogmatisch vermittelten und von ihm rigoros repräsentierten gesellschaftlichen Normen völlig verinnerlicht und ist sowohl dem von ihm ausgeübten Druck als auch den Ansprüchen z. B. Leonhards ausgeliefert. Da sie keinen eigenen Selbstbehauptungswillen entwickelt hat, kann sie nur die Alternativen Selbstmord oder Vatermord sehen. Andere Alternativen, wie z. B. die Heirat der Jugendliebe, verbaut sie sich – in ihrem Wertesystem gefangen – selbst. Alle Aktivität der betroffenen Personen (Vertuschung, Schwüre, Drohungen) soll dazu dienen, einen zumindest scheinbar harmonischen Zustand wiederherzustellen. Aber die angestrebte Balance zwischen Individuum und Gesellschaft oder zwischen den Individuen ist nachhaltig erschüttert und kann nicht erreicht werden. Klaras Tod dient weder der Überwindung patriarchalischer Gewalt, noch kann er eine Veränderung gesellschaftlicher Normen bewirken. Die Überlebenden reagieren mit Schuldzuweisungen, Betroffenheit und Verständnislosigkeit. Zumindest der heutige Zuschauer aber versteht, dass Normen sich nicht gegen das Individuum richten dürfen.

Klara ist in ihrer Abhängigkeit von anderen in ihrem Denken und Handeln gefangen

Klaras Tod bewirkt keine Veränderung gesellschaftlicher Normen

Maßlosigkeit

Viele Hauptfiguren Hebbels (z. B. Judith, Holofernes, Siegfried, Kriemhild) fallen durch die Maßlosigkeit auf, mit der sie in ihrem Streben nach Individualität sich gegen das Ganze auflehnen, sich von ihm trennen und so das Gleichgewicht stören. Durch dieses Verhalten werden sie Hebbels Weltbild zufolge schuldig. Gewalttätigkeit ist eine Folge dieser Maßlosigkeit.

Die kleinbürgerliche Gesellschaft ist maßlos geworden

Bei *Maria Magdalena* findet sich nun eine Umkehrung der Verhältnisse. Hier ist es die kleinbürgerliche Gesellschaft, die maßlos geworden ist und das soziale Ganze gefährdet durch gegen den Einzelnen gerichtete Normen. Denn nur in einer sinnvollen Werteordnung sind die Unterordnung und die Unterdrückung von Individualität gerechtfertigt. Hier wird allerdings nicht nur eine überkommene Gesellschaftsordnung gezeigt, die Hauptfiguren besitzen zu wenig individuelle Größe und Eigenständigkeit, um dieser maßlosen Gesellschaft etwas entgegenzusetzen. Meister Anton setzt psychischen Terror ein, wenn er die verzweifelte Klara neben der Leiche der Mutter zum Schwur zwingt, sie sich mit ihm auf der Straße dem öffentlichen Spott (Spießrutenlaufen) aussetzen soll und ihr die Schuld an einem möglichen Selbstmord zugewiesen wird. Aber:

> „Meister Antons Grausamkeit ist nicht darauf zurückzuführen, dass er ein grausamer Mensch ist, sondern ausschließlich darauf, dass er – wie alle anderen Personen in *Maria Magdalena* auch – so kategorisch den herrschenden Normen der kleinbürgerlichen Welt folgt, in der er lebt. Und diese Normen sind in der Tat grausam, machen die Menschen, die sich ihnen unterwerfen, zu Handlangern einer inhumanen, d. h. jede Menschlichkeit zerstörenden Moral, ob sie es nun wollen oder nicht.“[43]

Die anderen Personen (wie z. B. der Bruder oder Leonhard) setzen sich über die Normen nach Bedarf hinweg oder nutzen sie für egoistische Ziele. Eine weitere Handlungsalternative besteht in der völli-

---

43 Grundmann, Hilmar: *Tatort: Familie, Täter: Die menschliche Gesellschaft. Zu Hebbels These von der Gewalt in den zwischenmenschlichen Beziehungen als einer typischen Erscheinung moderner Massengesellschaften.* In: Häntzschel, Günter (Hg.): „Alles Leben ist Raub“, 1992, S. 158.

gen Loslösung aus der Umgebung. Auch sie stellt keine Lösung dar im Konflikt zwischen den Ansprüchen des Einzelnen nach Durchsetzung seiner Individualität und der Akzeptanz der Unterordnung des Individuums unter ein Ganzes.

Väter und Töchter: Familienbeziehungen im bürgerlichen Trauerspiel

Während in der ersten Phase des bürgerlichen Trauerspiels die bürgerliche Familie noch zusammenhält und der Vater sich als Beschützer der Tochter in jeder Hinsicht versteht, trägt in der zweiten Phase der Vater selbst wesentlich zum tragischen Ausgang bei. Festgefügte Moralvorstellungen richten sich gegen die Tochter und lassen ihr keine Wahl. Sie hat die Normen des Vaters internalisiert und setzt keine eigenen Lebensentwürfe und Vorstellungen dagegen. Im ausgehenden 20. Jahrhundert wird das auseinanderbrechende Verhältnis zwischen Vater und Tochter offensichtlich. Jeder arbeitet an individuellen Glücksvorstellungen, weder Vater noch Tochter nehmen Rücksicht auf den anderen. In dieser letzten Phase erfolgt keinerlei Unterordnung der Tochter unter den Vater mehr.

Vater trägt in der 2. Phase zum tragischen Ausgang des Geschehens wesentlich bei

Beispiele für die erste Phase sind: Lessing, *Emilia Galotti*; Wagner, *Die Kindermörderin;* Schiller, *Kabale und Liebe*. Für die zweite Phase steht Hebbel, *Maria Magdalena*, für die letzte Kroetz, *Maria Magdalena*.

TEXT UND HANDLUNG	VATER-TOCHTER-BEZIEHUNG
Lessing, *Emilia Galotti*: Der Prinz verliebt sich in die Bürgerliche Emilia Galotti, entführt sie unter einem Vorwand kurz vor ihrer Hochzeit mit dem Grafen Appiani. Dieser kommt dabei um. Ihr Vater, Odoardo Galotti, will Emilia zu ihrem Schutz nach Hause holen, kann sich aber nicht beim Prinzen durchsetzen. Odoardo spürt, dass die Ehre seiner Tochter in Gefahr ist. Bei einer kurzen Begegnung wird beiden klar, dass es keinen Ausweg aus der Gewalt des Prinzen gibt. Um nicht entehrt zu werden und um nicht die Todsünde Selbstmord zu begehen, bittet Emilia ihren Vater, sie zu erstechen. Er tut dies.	Odoardo ist als Vater ist für die Ehre und die Unschuld seiner Tochter verantwortlich. Für ihn ist Einsperren oder Verbannung ins Kloster besser als das Lustschloss des Prinzen. Er liebt seine Tochter von Herzen, begreift aber, dass er sie im Haus des Prinzen nicht schützen kann. Deshalb will er sich umbringen. Aber die Tochter gibt lieber ihr eigenes Leben, bevor sie ihre Unschuld verliert oder der Vater stirbt. Der Mord an seiner Tochter ist ein Liebesbeweis des Vaters für sie.
Wagner, *Die Kindermörderin*: Die junge Bürgerliche, Evchen Humbrecht, wird nach einem Ball vom Lieutenant von Gröningseck verführt und geschwängert. Ihre Mutter hat sie zwar begleitet, aber die Situation unterschätzt und wird mit Betäubungsmitteln bewusstlos gemacht. So kommt es zur Vergewaltigung. Ihr Vater, der Metzgermeister Martin Humbrecht, weiß nichts von den Vorfällen, beschuldigt aber seine Frau, nicht gut genug auf die Tochter aufzupassen. Er droht mit Gewaltanwendung und Rauswurf aus seinem Haus, wenn seine Tochter entehrt wird. Seine Entschlossenheit zur Umsetzung seiner Drohung demonstriert er am Beispiel einer Hausbewohnerin. Durch eine Intrige wird verhindert, dass der reuige von Gröningseck Evchen heiratet. Die Mutter stirbt und Evchen fühlt sich verantwortlich	Die Beziehung zwischen Vater und Tochter ist durch Furcht und Drohungen geprägt. Evchen begreift erst später, dass die wilden Androhungen des Vaters nur Vorsichtsmaßnahmen zur Verhinderung ihrer Entehrung sind. Dadurch ist sie aber völlig auf sich gestellt. Humbrecht hat seiner Frau die Sorge um die Ehre seiner Tochter überlassen, diese wird der Aufgabe nicht gerecht, da sie selbst eitel ist und die Standesschranken nicht genau einhält. Der Vater ist voller Sorge um seine Tochter. Er sucht sie und ist, nachdem er sie wiedergefunden hat, sogar bereit, das uneheliche Kind als sein eigenes auszugeben. Er verzeiht ihr und will ihr wieder ins

TEXT UND HANDLUNG	VATER-TOCHTER-BEZIEHUNG
dafür. Deshalb verlässt sie das Elternhaus und bringt später in ihrer Verzweiflung und Armut das Neugeborene um. Als ihr Vater sie kurz danach findet und auch von Gröningseck auftaucht und sie heiraten will, ist es zu spät: Sie wird verhaftet und muss mit ihrem Todesurteil rechnen.	bürgerliche Leben verhelfen. Er kann sie nach dem Mord am Kind aber nicht vor dem Gericht schützen. Die Tochter hat durch den Kindesmord jede Chance auf Rettung verbaut.
Schiller, *Kabale und Liebe*: Die Tochter des Musikers Miller, Luise, ist in den adligen Schüler ihres Vaters, Ferdinand, verliebt. Als ihr Vater dies erfährt, will er, um die Ehre der Tochter zu retten, ein sofortiges Ende der Beziehung erwirken. Luise akzeptiert das Gesetz der Standesschranken und den Willen des Vaters und glaubt an eine Vereinigung mit Ferdinand im ewigen Leben nach dem Tod. Durch eine Intrige des Vaters von Ferdinand und einen erzwungenen Schwur kommt die bürgerliche Familie in Bedrängnis. Gleichzeitig wird Ferdinand misstrauisch und bezichtigt Luise der Lüge und des Betrugs. Er vergiftet sich und Luise. Kurz bevor sie stirbt, erfährt er von ihr – angesichts des Todes vom Schwur entbunden – die Wahrheit über die Intrige. Als der Präsident, Ferdinands Vater, mit Bedienten das Bürgerhaus betritt, macht Ferdinand seinen Vater allein verantwortlich für den Tod der beiden Liebenden. Dann stirbt auch Ferdinand und der trauernde Miller bleibt zurück.	Luise ist das einzige, geliebte Kind Millers. Er besitzt bürgerliches Selbstbewusstsein und will sie schützen, indem er ihr die Beziehung zu dem Adligen verbietet. Er weiß, dass diese in der Regel unmoralisch sind und unschuldige Mädchen in Elend und Schande stürzen. Luise will ihren Vater ebenfalls schützen und ihn davor bewahren, ins Gefängnis zu müssen. Sie folgt seinem Willen und Gesetz und ordnet sich unter. Dafür verzichtet sie auf ihre Liebe im irdischen Leben. Von einem Selbstmord rät er ihr ab und will mit seiner Familie umziehen. Er glaubt, dass das Gold, das Ferdinand ihm gibt, dazu die Möglichkeit eröffnet. Über ihren Tod ist er verzweifelt. Er trägt keine Verantwortung an den tragischen Ereignissen.

TEXT UND HANDLUNG	VATER-TOCHTER-BEZIEHUNG
Hebbel, *Maria Magdalena*: Klara wird unehelich schwanger, aber ihr Verlobter trennt sich von ihr. Von ihrem Vater wird ihr die Bürde der Repräsentation der Ehre der Familie auferlegt, als Vorwürfe gegen den Bruder erhoben werden und die Mutter stirbt. Er lässt sie schwören, dass sie ihrem Vater nie Schande machen werde, andernfalls bringe er sich um. Auch als sich die Unschuld des Bruders herausstellt, ergibt sich keine Möglichkeit für Klara, durch Heirat der Schande einer unehelichen Schwangerschaft zu entgehen. So entschließt sie sich zum Selbst- und Kindesmord, um den Vater zu retten.	Die Beziehung zwischen Vater und Tochter ist durch seine unverrückbaren moralischen Vorstellungen geprägt, denen sie unbedingt folgen muss. Er übernimmt nicht den Schutz für seine Tochter, sondern verlangt ohne jede Rücksicht oder Verständnis die Rolle der ehrbaren Tochter von ihr. Es geht um sein Ansehen in der Öffentlichkeit, ausgehend von einem Ehrbegriff, der sich überholt hat. Durch seine Todesdrohung und den abgeforderten Schwur setzt er sie extrem unter Druck. Sie kann diesem nichts entgegensetzen, sondern stellt ihn über ihr eigenes Leben und Glück.
Kroetz, *Maria Magdalena*: Marie ist unehelich schwanger von Leo. Als dieser hört, dass ihre Mitgift weg ist, nutzt er die Nachricht über Maries Bruder Karl, der des Diebstahls verdächtigt wird, um die Verbindung aufzulösen. Die Mutter stirbt vor Schreck über die Schande und der Vater beschwert sich über den ungeratenen Sohn. Er geht ins Wirtshaus. Marie aber plant eine eigene Zukunft, wünscht sogar, dass ihr versoffener Vater sich umbringt. Das Kind ist jedoch eine Belastung und Marie will sich nicht dem Gerede der Leute aussetzen. Mit ihrem Jugendfreund Peter bespricht sie, dass sie eine zeitlich befristete Ehe mit Leo eingeht, denn eine alternativ angedachte Abtreibung kommt wegen der	Maries Vater weist jede Verantwortung und Hilfe für seine Tochter zurück. Er hat zwar die Mitgift für sie weggegeben, weiß später auch um ihre Schwangerschaft, überlässt sie aber ihrem Schicksal. Stattdessen plant er eine eigene Zukunft, eventuell auch eine erneute Heirat. Das Verhältnis Maries zu ihrem Vater ist durch große Distanz und Egoismus geprägt. Sie überlegt sich, wie sie eine eigene Existenz aufbauen kann, wünscht sich sogar den Tod des Vaters. Das Problem der Schande in der Öffentlichkeit betrifft jeweils nur die eigene Person, wird kaum

TEXT UND HANDLUNG	VATER-TOCHTER-BEZIEHUNG
fortgeschrittenen Schwangerschaft nicht mehr in Frage. Peter deutet an, dass er sie möglicherweise nach der Scheidung heiraten werde. Karl kommt heim, nachdem sich seine Unschuld herausgestellt hat, und Marie erzählt ihrem Vater sowohl von der Entlobung als auch von ihrer Schwangerschaft. Aber dieser distanziert sich und hält dies für ihr Problem. Weder ist Karl bereit, Marie zum Aufbau einer neuen Existenz nach München mitzunehmen, noch Leo oder Peter zur Heirat. Als Marie daraufhin mit Selbstmord droht, sogar von vollzogener Vergiftung spricht, beginnen die Männer (Vater, Peter und Karl) ungerührt Skat zu spielen und nehmen sie nicht ernst.	auf die Familie ausgeweitet. Der Ton zwischen Vater und Tochterist rüde und mitleidslos.

Fazit

Hebbels Gestaltung der Vater-Tochter-Beziehung zeigt erstmals einen Vater, der ohne jedes Zugeständnis an seine Tochter seine überholten Ehrvorstellungen durchsetzt. Auch wenn es in früheren Trauerspielen schon Kommunikationsprobleme geben hat (vgl. Wagner), ist hier neu, dass Meister Anton einen bedingungslosen „Gefolgschaftsanspruch“[44] stellt und der Tochter jede eigene Identität verweigert.

---

44 Lütkehaus, Ludger: *Friedrich Hebbel: „Maria Magdalene“*. München: W. Fink Verlag, 1983, S. 101.

4. REZEPTIONSGESCHICHTE

Unmittelbare Aufnahme des Dramas

Schwangerschaft der Heldin zu anstößig

Nach Fertigstellung des Manuskriptes schickt Hebbel dieses zu der Münchener Schauspielerin Auguste Stich-Crelinger, die auch in dem Drama *Judith* die Rolle der Heldin übernommen hatte. Diese weist das Drama jedoch – wie auch das Berliner Schauspielhaus – zurück mit dem Hinweis darauf, dass durch die Schwangerschaft der Heldin Klara das Stück unaufführbar geworden ist. Hebbel reagiert empört und schreibt ein langes Vorwort zu dem Drama. Auch in Wien geht das Drama nicht durch die Zensur. Erst am 13. 3. 1846 wird es in Königsberg uraufgeführt. Auch dort aber wird die Schwangerschaft Klaras als anstößig empfunden.

Erst der Leipziger Aufführung am 19. 10. 1846 folgen weitere in Köln, Danzig, Hamburg und Schleswig, danach auch in den großen Theaterstädten Berlin und Wien. Das Stück findet jetzt großen Anklang beim Publikum.

Rezeption im 20./ 21. Jahrhundert

Das am häufigsten gespielte Drama Hebbels

Das Drama ist inzwischen das am häufigsten gespielte Drama von Hebbel und hat seinen festen Platz in den Spielplänen deutscher Schauspielhäuser. Die Inszenierungen am Berliner Staatstheater (1938, Regie: Jürgen Fehling) und am Schiller Theater (1966, Regie: Fritz Kortner) werden hier als besonders herausragend bewertet. 1934 erscheint eine Filmfassung (Titel: *Mutter und Kind*, Regie: Hans Steinhoff), die auf dem Drama beruht. Im Film *Glutmensch* (1970er Jahre) von Jonatan Briel wird Hebbel mit Fieberträumen, darunter auch zu *Maria Magdalena*, gezeigt.

Zeitgenössische Adaption des Stoffes

Auch das 1972 veröffentlichte Drama von Franz Xaver Kroetz *Maria Magdalena. Komödie in drei Akten frei nach Friedrich Hebbel* veranschaulicht die literarische Präsenz Hebbels. Kroetz hält sich vom Handlungsgang, den Namen der Personen und der Struktur her deutlich an die Vorlage, verändert aber drastisch die Gestaltung der Personen und nimmt dem Geschehen alles Tragische. Die Sprache ist Umgangsdeutsch mit Süddeutsch, und das Verhalten der Personen zueinander ist vulgär und lieblos. Während Hebbel die Tragikder menschlichen Gesellschaft in der Auseinandersetzung mit dem Individuum und das unlösbare Problem der Maßlosigkeit thematisiert, zeigt Kroetz eine Welt der inneren Leere, zeigt soziale Probleme, Druckverhältnisse und Ängste. Da er aber von der Durchschaubarkeit und damit Veränderbarkeit der menschlichen Gesellschaft ausgeht, gestaltet er den Stoff um zu einer Komödie.[45]

Auch im 21. Jahrhundert steht das Drama auf den Plänen der Schauspielhäuser (z. B. JungesSchauSpielHaus Hamburg 2015, Burgtheater Wien 2014) und ist fester Bestandteil der Lehrpläne an Universitäten[46] und Gymnasien. Die Hebbel-Gesellschaft in Wesselburen lädt regelmäßig zu Veranstaltungen ein.

---

45 Eine ausführliche Darstellung der Rezeptionsgeschichte findet sich bei Park, Eun-Sook: *Theorie Text und Aufführungen: Untersuchungen zu Friedrich Hebbels „Maria Magdalena“*. Dissertation. Bielefeld, 1995, S. 68–184.

46 Zur Rezeption in der Germanistik: s. Forschungsliteratur bei Radvan, S. 128–132.

5. MATERIALIEN

Das Problem der unehelichen Schwangerschaft

Johann Wolfgang von Goethe: *Vor Gericht* (ca. 1774/75)

„Von wem ich's habe, das sag' ich euch nicht,
Das Kind in meinem Leib.
Pfui! speit ihr aus: die Hure da!
Bin doch ein ehrlich Weib.

„Es ist mein Kind und bleibt mein Kind"

Mit wem ich mich traute, das sag' ich euch nicht,
Mein Schatz ist lieb und gut,
Trägt er eine goldne Kett' am Hals,
Trägt er einen strohernen Hut.

Soll Spott und Hohn getragen sein,
Trag ich allein den Hohn.
Ich kenn' ihn wohl, er kennt mich wohl,
Und Gott weiß auch davon.

Herr Pfarrer und Herr Amtmann ihr,
Ich bitt', lasst mich in Ruh!
Es ist mein Kind und bleibt mein Kind,
Ihr gebt mir ja nichts dazu."[47]

---

47 Goethe, J. W. von: *Gesammelte Werke*. Hamburger Ausgabe. Bd. 1. Hamburg: Wegener, 1948 ff., S. 85 – weitere Texte zum Kindermörderinnen-Motiv in: Wagner, H. L.: *Die Kindermörderin*. Text und Arbeitsbuch von Dr. Reinhold Klinge. Reihe: Literatur und Methode. Frankfurt am Main: Hirschgraben Verlag, 1983.

Haltung des Vaters zur Tochter

Franz Xaver Kroetz: *Maria Magdalena* (1972, Auszug)

„Marie: Papa, wo ich deine Tochter bin!
Papa: Mit mir kann man nicht rechnen.
Ein lediges Kind seh ich nicht,
weil es für mich nicht existiert.
Erziehung!
Wer bin ich denn?
Ich kann nicht heraus aus meiner Haut.
Und Schuster is ein Handwerk,
das unbarmherzig stirbt.
Ich hab eine Annonce in die Zeitung getan,
ich heirat noch einmal.
Es muss sein.
Das Alter ruft, und ein unschuldiger Witwer,
das zieht.
Ich denk an mich und überleb."[48]

„Ich denk an mich und überleb"

Titel des Dramas

Bibel, Lukas 8, 1–3

„Danach zog Jesus von Stadt zu Stadt und von Dorf zu Dorf. Er verkündete überall die Gute Nachricht, dass Gott jetzt seine Herrschaft aufrichten und sein Werk vollenden werde. Die zwölf Jünger begleiteten ihn, außerdem folgten ihm einige Frauen, die er von bösen Geistern befreit und von anderen Leiden geheilt hatte. Es

48 Kroetz, Franz Xaver: *Maria Magdalena*. Hamburg: Rotbuch Verlag, 1996, S. 63 f.

waren Maria von Magdala, aus der er sieben böse Geister ausgetrieben hatte, Johanna, die Frau von Chuzas, einem Beamten in der Verwaltung des Fürsten Herodes, dazu Susanna und viele andere Frauen. Sie alle sorgten mit ihrem Vermögen für den Unterhalt Jesu und seiner Jünger."[49]

Der Monolog

„Die lauten Atemzüge der Seele"

„Der dramatische Monolog wird verschiedenen Bedürfnissen gerecht, die sich aus der Eigenart der Gattung Drama ergeben. In erster Linie und hauptsächlich bietet er ... den Dramenfiguren Gelegenheit, ihr Innenleben zum Ausdruck zu bringen. Für Hebbel waren Monologe „die lauten Atemzüge der Seele". Zweitens kann der Monolog aber auch – als „epischer Monolog" (Wilpert, Sachwörterbuch der Literatur, 1969) – die Abwesenheit eines „Erzählers" aufwiegen. Drittens schließlich dient er – als Übergangsmonolog – der Verbindung der Auftritte."[50]

Aussage Hebbels zu *Maria Magdalena*

Brief Hebbels an Elise Lensing (5. Dezember 1843)

„Höchste tragische Wirkung"

„... Seit gestern Morgen liegt mein viertes Drama: Ein bürgerliches Trauerspiel in einer wunderschönen Abschrift, auf Postpapier von meiner Hand geschrieben, vor mir. ... Dass es dir gefallen würde, setze ich mit einiger Zuversicht voraus, denn es ist nach meinem Ge-

49 In: *Die Gute Nachricht*. Die Bibel in heutigem Deutsch. Stuttgart: Deutsche Bibelgesellschaft 1982, Neues Testament, S. 74.

50 Asmuth, Bernhard: *Einführung in die Dramenanalyse*. Stuttgart: J. B. Metzler, 2004 (6. Auflage), S. 82.

fühle in höchstem Grade gelungen. Mit den allereinfachsten Mitteln wird die höchste tragische Wirkung erreicht, der Alte ist ein Riese geworden und Leonhard ist bloß ein Lump, kein Schuft, der Sohn, der Secretair, sie alle sind im Recht (worauf ich mir am meisten einbilde da es allerdings am schwersten ist, aus der bloßen spröden Einseitigkeit, ohne Beimischung des Positiv-Bösen die Schuld abzuleiten) und dennoch entbindet sich durch den Zusammenstoß dieser einander innerlich entgegengesetzten Naturen das furchtbarste Geschick. Im Hintergrund bewegen sich die Ideen der Familie, der Sittlichkeit, der Ehre, mit ihren Tag- und Nacht-Seiten, und Consequenzen dämmern auf, die wohl erst nach Jahrhunderten in den Lebens-Katechismus Aufnahme finden werden. Leute, die den Gehalt der Poesie nur im Stoff sehen, werden freilich für die allerbedeutendsten Vorzüge dieses Werkes unempfindlich sein, doch auf die kommt es ja auch nicht an."[51]

Ehre und Schande

„Ehre bedeutet in etwa Achtungswürdigkeit oder ‚verdienter Achtungsanspruch' (einer Person); sie kann jemandem als Mitglied eines Kollektivs oder Standes zuerkannt werden (Ehre des Weibes, des Edelmannes, des Handwerkers u. a. m.), sie kann aber auch (etwa durch die Nobilitierung oder eine Ordensverleihung) vom dazu Berechtigten zugesprochen werden. Gegenüber jemandem, dem man sich an Ehre sehr unterlegen fühlt, gibt man sich *ehrerbietig*. Jemanden *ehren* bedeutet, ihm eine neue Ehre zuzuerkennen. Das Gegenteil der Ehre ist die Schande. In der westlichen Welt

———

51 Hebbel, Friedrich: *Sämtliche Werke*. Historisch-kritische Ausgabe. Abt. 3: Briefe, 2. Band. Berlin: Behr, 1905, S. 341.

ist hiermit oft der Verlust der Ehre (siehe auch Demütigung) oder in milderer Form eine persönliche Blamage gemeint. Zusammengefasst kann man Ehre als sozialen Zwang begreifen, den man als Bestandteil seiner eigenen Persönlichkeit begreift und verteidigt."[52]

Zentrale Dimension der Figurencharakterisierung

„Ebenso sukzessive wie das Todesmotiv wird das Motiv der Ehre eingeführt, zunächst in Äußerungen über Meister Anton, der bis zum Schluss des Stückes – nach Klaras Tod – die Implikationen und Konsequenzen seines rigiden und engherzigen Ehrbegriffes nicht begreift. Zusammen mit der Schande bildet das Motiv der Ehre eine zentrale Dimension der Figurencharakterisierung und somit des Textverständnisses. Dabei besitzt es für die einzelnen Figuren eine unterschiedliche Tragweite. Meister Anton gilt Ehre als das alleinig sinnstiftende Lebenskonzept, als eine Leitidee, die sich im Laufe des Stückes allerdings als äußerlich, hohl, inhuman erweist, da sie lediglich auf die Prävention des Eindrucks von Schande ausgerichtet ist. Zwar fürchtet Meister Anton in hohem Maße den Verlust seines Ansehens und registriert den Zustand des Verachtetseins, sein eigenes Versagen erkennt er allerdings nicht. … Klara übernimmt und internalisiert das von Reputation dominierte Denken ihres Vaters in Teilen so weitgehend, dass sie sogar ihren Freitod als Unfall kaschieren möchte, um dem Vater die damit verbundene Schande zu ersparen. Karl hingegen entzieht sich dem väterlichen Verhaltenskodex …"[53]

---

52 https://de.wikipedia.org/wiki/Ehre (Stand Mai 2018)
53 Radvan, Florian: *Kommentar zu Friedrich Hebbel: Maria Magdalena*, S. 114.

6. PRÜFUNGSAUFGABEN MIT MUSTERLÖSUNGEN

Unter www.königserläuterungen.de/download finden Sie im Internet zwei weitere Aufgaben mit Musterlösungen.

Die Zahl der Sternchen bezeichnet das Anforderungsniveau der jeweiligen Aufgabe.

Aufgabe 1 **

a) Interpretieren Sie das Gedicht *Vor Gericht* von Goethe.[54]
b) Vergleichen Sie die Situation des lyrischen Ichs mit der Klaras in Hebbels Drama *Maria Magdalena*.

Mögliche Lösung in knapper Fassung:

INTERPRETATION

a) Das Gedicht ist in vier Strophen zu je vier Zeilen unterteilt. Es gibt einen unreinen Kreuzreim als Endreimschema, bei dem sich die zweite und vierte Zeile jeder Strophe reimen. Es herrscht ein jambischer, dreihebiger bzw. vierhebiger Rhythmus vor, allerdings gibt es auch daktylische Zeilen (Zeile 1 der ersten und zweiten Strophe). In diesen werden insbesondere der Widerstand der Sprechenden und die Aussageverweigerung deutlich. Das Gedicht ist als Antwort einer Frau im Rahmen einer Befragung durch den Pfarrer und den Amtmann (Strophe 4) zu verstehen. In dieser Kommunikationssituation nimmt die unehelich Schwangere als lyrisches Ich verschiedene Aspekte auf. Sie will den Namen des Vaters nicht preisgeben, sondern sich allein der Öffentlichkeit stel-

54 Abdruck des Gedichts auf S. 98 dieser Erläuterung.

len. Die religiösen und staatlichen Vertreter („Pfarrer" und „Amtmann", Z. 13) bittet sie darum, sie nicht weiter zu behelligen. Sie tritt selbstbewusst und entschlossen auf. In der ersten Strophe gibt sie die Schwangerschaft zu, will aber den Vater nicht nennen. Für sich nimmt sie in Anspruch, ehrbar zu sein (vgl. Z. 4), auch wenn sie der Missachtung und Demütigung ausgesetzt wird (vgl. Z. 3). In der zweiten Strophe spricht sie über den Kindsvater und beteuert ihre Zustimmung bei der Zeugung (vgl. Z. 5) sowie seinen guten Charakter. Auch über die Standeszugehörigkeit, symbolisiert durch Goldkette und Strohhut (vgl. Z. 7 f.), will sie keine Auskunft geben. In der dritten Strophe stellt sie die Beziehung als vertraut und gottgefällig dar. Sie traut sich zu, mit der öffentlichen Meinung (vgl. Z. 9) und dem Gerede über sie allein fertig zu werden. Sie möchte in Ruhe gelassen werden. Dies begründet sie damit, dass das Kind ihre Privatangelegenheit sei und sie die alleinige Verantwortung für den Unterhalt und die Versorgung des Kindes habe (vgl. Z. 16).

VERGLEICH

b) Vergleich Gedicht – Drama

Gemeinsamkeiten:

- → uneheliche Beziehung
- → Schwangerschaft, ungeborenes Kind
- → Kritik der Öffentlichkeit, Schande
- → Religiosität der Frauen
- → Mütter werden vom Kindsvater verlassen
- → Standesunterschiede zwischen Frau und Kindsvater spielen eine Rolle
- → fehlende Hilfe für die Mütter

Unterschiede:

- → Selbstbewusstsein und Überlebenswille der Mutter (*Vor Gericht*) vs. Unterwerfung und Selbstmord bzw. Kindesmord (*Maria Magdalena*)
- → Liebesbeziehung (*Vor Gericht*) vs. Abscheu (*Maria Magdalena*)
- → Öffentliches Verfahren (*Vor Gericht*) vs. Selbstmord (*Maria Magdalena*)
- → Form: Ballade vs. Drama

Aufgabe 2 **

a) Vergleichen Sie die Haltung des Vaters von Klara mit der vom Vater Maries im Ausschnitt aus Kroetz' Drama.[55]
b) Nehmen Sie Stellung zu der Frage, inwieweit Ehre und öffentliches Ansehen noch heute das Verhalten der Familienmitglieder bestimmen.

Mögliche Lösung in knapper Fassung:

VERGLEICH

a) Vergleich Hebbel – Kroetz in Stichworten

Gemeinsamkeiten:

- → Egoismus der Väter, häufiges „Ich" am Anfang des Satzes (Kroetz), lange Passagen über sich selbst (Hebbel)
- → Mitleidlosigkeit („Mit mir kann man nicht rechnen", Kroetz; Meister Anton will seiner Tochter nicht verzeihen, vgl. HL S. 52, Z. 19/R S. 94, Z. 7)
- → Festgelegtheit („kann nicht heraus aus meiner Haut", Kroetz)
- → Versuch, das uneheliche Kind zu ignorieren

---

55 Auszug auf S. 99 dieser Erläuterung.

→ Anspruch auf Ehrbarkeit, Schuldlosigkeit an der Misere der Tochter („unschuldiger Witwer")
→ Sentenzen und allgemeine Aussagen („Es muss sein"), um deutlich zu machen, dass keine Alternativen bestehen

Unterschiede:
→ Zukunftsorientiertheit: Aktivität (Annonce; Kroetz) vs. Fassungslosigkeit (versteht die Welt nicht mehr; Hebbel)
→ Sprache: Dialekt, kurze parataktische Sätze (Kroetz) vs. häufig lange hypotaktische Satzgefüge ohne Dialekt (Hebbel)
→ Kommunikation: Auseinandersetzung, Gespräch mit Marie über ihre Zukunft (Kroetz) vs. Verschweigen und Ignorieren der Schwangerschaft im Gespräch mit Klara (Hebbel)

STELLUNGNAHME

b) Auch in unserer heutigen Zeit spielen Ehre und Ansehen eine große Rolle. Anerkennung und Prestige sind erstrebenswert, vor allem der Bekanntheitsgrad einer Person scheint wichtig. Für Meister Anton ist das Ansehen in der Öffentlichkeit, seine Ehre, von zentraler Bedeutung. Das tadellose Verhalten seiner Kinder zeigt, dass er ein gutes Vorbild und die Erziehung genau richtig war. Im anderen Fall gibt er sich persönlich der Schande und dem Gerede preis; sein Standesbewusstsein und sein Selbstbild sind von der Sittsamkeit der Tochter und vom Stolz auf den wohlgeratenen Sohn abhängig. Nun ist Letzteres nicht mehr möglich. Karl verhält sich nicht dem Sittenkodex des Vaters entsprechend. Deshalb muss Klara den Schwur leisten.

Das Drama zeigt die Konsequenz, wenn die Reputation, die Ehre, über die Menschlichkeit gestellt wird. Ein Ideal einer bürgerlichen Welt soll erzwungen werden, als es schon längst nicht mehr möglich ist. Die Normen sind schon andere, Meister Anton hält aber an einem System fest, das sich schon überholt hat. Klara ist das Opfer.

In unserer Zeit gelten immer schneller andere Normen und Gesetze des Umgangs miteinander. Generationskonflikte gab es schon immer, aber in Zeiten der Globalisierung und der Migration prallen häufig verschiedene Vorstellungen aufeinander bzw. erweitert sich das Gesichtsfeld hinsichtlich normativer Regelungen. Auch die Medien tragen erheblich zur Etablierung neuer Normen bei. Religiosität, Einstellungen zur Sexualität, Familienbindung, Erziehung u. a. sind davon betroffen.

Natürlich sind auch heute noch Eltern stolz auf Leistungen der Kinder und ihre Akzeptanz in der Gesellschaft. Das gilt sicher auch umgekehrt. Dennoch besteht der Anspruch für jeden Einzelnen, unabhängig von der Familie an seinem Erfolg und Ansehen zu arbeiten. Andererseits gilt, dass Probleme und Misserfolg nicht nur in der Familie bleiben, sondern auch durch professionelle Hilfestellung und Freunde aufgearbeitet werden.

Die bürgerliche Familie ist kein geschlossenes System mehr, in dem der Einzelne seinen fest zugewiesenen Platz hat und die sich nach außen als Ganzes repräsentiert. Zusammenhalt und Distanz sind auf verschiedene Art und Weise möglich. Deshalb muss Ehre oder der Verlust derselben für ein Familienmitglied nicht notwendigerweise das Ansehen der ganzen Familie beeinflussen.

Aufgabe 3 ***

a) Interpretieren Sie die zweite Szene des zweiten Aktes aus Hebbels Drama *Maria Magdalena* (HL S. 31/R S. 66 f.).
b) Nehmen Sie aus heutiger Sicht Stellung zum Verhältnis zwischen Vater und Tochter.

INTERPRETATION

Mögliche Lösung in knapper Fassung:

a) Die Szene enthält einen Monolog Klaras. In ihm bittet sie Gott, ihr das Leben zu nehmen und ihren Vater zu verschonen. Vorangegangen ist ein Gespräch des Vaters mit Klara, in dem er sich über seinen ungeratenen Sohn beschwert und den Verlust seiner Ehre in der Öffentlichkeit befürchtet. Deshalb fordert er von seiner Tochter Klara, dass sie die Familienehre optimal vertreten muss. Er verweist noch einmal darauf, dass sie einen Schwur geleistet hat, dies zu tun. Andernfalls wolle er sich umbringen. Im Anschluss an diese Szene stellt sich heraus, dass der Bruder unschuldig ist. Der Monolog hat die Form eines Gebetes. Er ist unterteilt in drei Abschnitte:

Im ersten Abschnitt (HL Z. 16–18/R Z. 27–29) wird Gott direkt angesprochen. Dabei wirkt die Wiederholung des Ausrufs („O Gott, o Gott!“, HL Z. 16/R Z. 27) fast floskelhaft als Ausdruck der persönlichen Verzweiflung und der Not. Die folgende Wiederholung der Bitte „Erbarme dich“ (HL Z. 16/R Z. 27 f.) unterstützt diesen Eindruck, endet aber überraschenderweise mit der Sorge um den Vater. Diesen bezeichnet sie als „alten Mann“ (HL Z. 17/R Z. 28). Damit wird der Wunsch, ihn zu retten und das eigene junge Leben sowie das des ungeborenen Kindes zu beenden, noch drastischer. Die Begründung folgt am Schluss dieses Abschnittes. Klara sieht keine Alternative (vgl. HL Z.17 f./R Z. 28 f.). Die Aussagen erfolgen im Imperativ und sind mit Ausrufezeichen versehen. So wird die emotionale Anspannung Klaras erkennbar.

Es folgt ein zweiter Abschnitt (HL Z. 18–21/R Z. 29–32) mit der Beschreibung der schönen Welt. Dieser wird mit einem Imperativ „Sieh“ (HL Z. 18/R Z. 29) eingeleitet, dessen Adressat unbestimmt ist. Er könnte sich an Gott, an sich selbst oder an das Publikum richten. Es handelt sich bei dieser Beschreibung um einen einzigen Satz, der hypotaktisch ist und durch Aufzählung charakterisiert wird. Die Wortwahl enthält besonders positive Konnotationen, der Hinweis auf „Sonnenschein" (HL Z. 18/R Z. 29), „Kinder" (HL Z. 19/R Z. 30), Fauna („Vögel", HL Z. 19/R Z. 31) und Flora („Blumen und Kräuter", HL Z. 20/R Z. 31 f.) nimmt Aktivitäten in den Blick und vermittelt den Eindruck von Glück.

Der dritte, unmittelbar folgende Abschnitt (HL Z. 21–30/R Z. 33–S. 67, Z. 10) ist ein Anruf des Todes. Überleitend wird in einer dreigliedrigen Klimax die Sehnsucht nach Leben betont, die alle, selbst Kranke, haben. Der Tod wird personifiziert („o Tod", HL Z. 22/R Z. 1) und in der zweiten Person Singular („dich", HL Z. 22, 25/R Z. 1, 4) angesprochen. Dadurch wird Nähe und Vertrautheit ausgedrückt. Eindringlich (Imperative und Ausrufe) bittet Klara darum, den Vater (umschrieben durch einen Relativsatz, vgl. HL Z. 25 f./R Z. 4 f.) zu verschonen. Interessant ist hier, dass der angekündigte Selbstmord des Vaters nicht als von ihm persönlich initiiert und verantwortet, sondern als Entscheidung des allegorischen Todes dargestellt wird („nimm mich für ihn", HL Z. 27/R Z. 7). Die Entschlossenheit Klaras, den Tod zu akzeptieren, wird in der Wiederholung des Modalverbs („ich will", HL Z. 28, 29/R Z. 7, 8) und im Komparativ („freudiger folgen", HL Z. 29/R Z. 9) deutlich. Auch die Hyperbeln („alles", „tausend", HL Z. 21/R Z. 33; „je", HL Z. 29/R Z. 9) veranschaulichen dies.

STELLUNGNAHME

b) Klara ordnet ihr eigenes Leben bedingungslos dem des Vaters unter. Sie ist verantwortlich für ihre Lage, denn sie hatte dem Druck Leonhards nachgegeben, jetzt will sie die alleinige Schuld tragen. Vorrangig ist für Klara, dass dem Vater geholfen wird, obwohl dieser vor allem den Ehrverlust in der Gesellschaft fürchtet. Sie kommt überhaupt nicht auf den Gedanken, ihn als das Oberhaupt der Familie um Rat und Hilfe zu bitten. Dazu hat Meister Anton durch sein Verhalten beigetragen. Er ist rigoros in seinem Anspruch und setzt Klara extrem unter Druck, obwohl ihm gelegentlich die Idee kommt, dass sie ein Problem haben könnte (vgl. HL S. 28, Z. 27 f./R S. 63, Z. 3 f.; HL S. 52, Z. 15–17/R S. 94, Z. 3–5). Besonders seit dem Tod der Mutter hat Klara keinen Ansprechpartner mehr, aber er verweigert ihr Nähe und Unterstützung.

Klara, als sein „Schoßkind" (HL S. 49, Z. 13/R S. 90, Z. 5) hat bislang auch nichts getan, um dies einzufordern. Ihre Stellung als Lieblingskind ist vor allem dadurch bedingt, dass sie sich nie gegen ihren Vater aufgelehnt und seine Regeln bedingungslos akzeptiert hat, auch wenn diese eigentlich nicht mehr in die Zeit passten. Es gibt keine Versuche von ihrer Seite, individuelle Lebensentwürfe und Charaktermerkmale zu entwickeln. Sie sieht sich nur als Tochter, die dann in die Hände des Ehemanns abgegeben wird.

Ein solches Verhalten ist in unserer Zeit nur noch in eingeschränkten Kreisen denkbar. Zwar gibt es immer noch gesellschaftliche Gruppen, in denen der Vater despotische Rechte beansprucht und die Unterordnung der Tochter einfordert. Mit diesen wird man u. a. im Rahmen von Migrationsbewegungen und Reisen in andere Länder konfrontiert. Erziehungsziel in der westlichen Welt ist stattdessen die Ausbildung und Entwicklung zum Individuum, geschlechtsunabhängig soll der einzelne Mensch seine Bedürfnisse erkennen und ein selbstbestimmtes Leben führen. Mit der Volljährigkeit ist auch die elterliche Fürsorge abgeschlossen. In der Familie wird idealerweise sehr früh Gleichberechtigung eingeübt, die Atmosphäre sollte durch Kommunikation miteinander und liebevollen Umgang bestimmt sein. Dass die Wirklichkeit häufig von diesem Ideal abweicht, steht außer Frage.

Dennoch ist in einer veränderten familiären und gesellschaftlichen Situation die Rolle des Vaters eine grundsätzlich andere, als in *Maria Magdalena* vermittelt wird. Er muss sich der Erziehungsaufgabe stellen, dabei aber auch Rücksicht auf Veränderungen im gesellschaftlichen Umfeld und Bedürfnisse des Kindes nehmen. Seine eigene soziale Stellung in der Gesellschaft ist nicht so fest verknüpft mit dem Verhalten der anderen Familienmitglieder, dass er darüber definiert wird. Man erwartet nicht, dass Töchter ihr Leben ausschließlich nach den Wünschen, Erwartungen und Vorstellungen des Vaters ausrichten.

Die frühere bürgerliche Familie als enger fester Kreis, in der jeder seine festgelegte Rolle hat, existiert so nicht mehr. Stattdessen gibt es Patchwork-Familien, alleinerziehende Elternteile und sehr unterschiedliche Formen des Zusammenlebens. Bildungsmöglichkeiten und örtliche Distanz tragen weiterhin dazu bei, dass die Tochter – genau wie ein Sohn – weniger in ihrer Beziehung zum Vater, sondern als selbstverantwortliches Individuum gesehen wird.

Aufgabe 4 *

Materialgestütztes Verfassen eines argumentierenden Textes:
In der Theater-AG Ihrer Schule, an der Sie selbst schon seit Jahren teilnehmen, soll ein neues Stück geprobt werden. Zur Diskussion steht *Maria Magdalena* von F. Hebbel, allerdings nur in gekürzter Fassung und modernisierter Sprache. Sie haben das Stück gelesen und auch eine ungekürzte Theaterfassung gesehen, die Sie sehr beeindruckt hat. Für die kommende Sitzung der AG in bereiten Sie ein Plädoyer für eine vollständige Theaterfassung vor. Nutzen Sie dafür die Materialien in dieser Erläuterung (S. 98–102) und eigene Erfahrungen sowie Kenntnis des Stückes.

Mögliche Lösung in knapper Fassung:

Liebe Mitglieder der Theater-AG,

Fack ju Göhte mag ein Film sein, der große Menschenmengen in die Kinos gelockt hat und von vielen durch die umgangssprachliche Gestaltung als lustig eingestuft worden ist. Ein Aushilfslehrer und schwer erziehbare Schüler mit geringem Bildungsniveau liefern sich in diesem Film Wortgefechte, die sich weit vom Standarddeutsch, noch weiter von literarischer Sprachgestaltung entfernen. Wir aber sind die Theater-AG unserer Schule und wollen unsere Mitschüler begeistern, aber nicht nur zum Amüsement und zur Entspannung beitragen, sondern ihnen etwas in verschiedener Hinsicht bieten. Das fängt mit der Auswahl eines Dramas wie *Maria Magdalena* von Hebbel an. Dies ist in einer Sprache des 19. Jahrhunderts kunstvoll gestaltet worden. Nicht nur Hebbel selbst hielt es für besonders gelungen (vgl. Mat. S. 100 f.), sondern auch die Rezeptionsgeschichte zeigt den Wert einer solchen dramatischen Gestaltung. Im Vergleich zu satirischen Fassungen, z. B. von Kroetz (vgl. Mat. S. 99), wird erkennbar, wie wichtig und eindrucksvoll die Sprachgestaltung ist, wenn man Konflikten und tragischen Entwicklungen (vgl. Mat. S. 100) nachspürt. Außerdem lehrt die Erfahrung mit anderen Aufführungen, dass die Zuhörer sich schnell an eine zuerst als veraltet empfundene Sprache gewöhnen und diese bald nicht mehr als unverständlich empfinden. Wir in der AG geben uns ja viel Mühe, durch Handlung, Gestik und Mimik das Geschehen zu verdeutlichen. Das ist ja gerade der Vorzug von Dramen im Gegensatz zu anderen Textgattungen wie Lyrik und Epik (vgl. Mat. S. 98). Wir wollen nicht vorlesen, nicht erzählen, sondern durch Wort und Tat handeln. Eine modernisierte Sprache würde der Tragweite der Ereignisse nicht gerecht werden. Und außerdem: Wer findet neben allen anderen schulischen Verpflichtungen die Zeit, das Stück umzuschreiben?

Außerdem sollte es meiner Meinung nach vollständig aufgeführt werden. Nur so werden die Charaktere und die Bandbreite der Problemkreise richtig erkennbar (vgl. Mat. S. 101 f.). Generationskonflikte, Gewissensbisse, Vorstellungen von Ehre und Schande sind auch in unserer Zeit aktuelle Themen. Keinesfalls darf bei den Monologen gekürzt werden, auch wenn diese für wenig erfahrene Theaterbesucher erst einmal befremdlich sein mögen. Die Monologe sind die „Atemzüge der Seele" (Mat. S. 100). Nur durch sie wird dem Zuschauer bewusst, was empfunden und gedacht wird. Bei Klara in unserem Drama wird so besonders deutlich, dass sie keinen Gesprächspartner hat, mit dem sie alles bereden könnte.

Ich bin sicher, dass es uns gelingt, eine originale und originelle Aufführung zu gestalten. Ich freue mich schon auf die Proben.

LITERATUR

Zitierte Ausgaben:

Hebbel, Friedrich: *Maria Magdalena*. Husum/Nordsee: Hamburger Lesehefte Verlag, 2008 (Hamburger Leseheft Nr. 110). Zitatverweise sind mit **HL** gekennzeichnet.

Hebbel, Friedrich: *Maria Magdalena*. Mit Hebbels Vorwort betreffend der dramatischen Kunst zur Zeit und verwandte Punkte. Stuttgart: Philipp Reclam jun., 2015 (Reclams Universalbibliothek Nr. 3173). Zitatverweise sind mit **R** gekennzeichnet.

Zu Hebbel und *Maria Magdalena*:

Ehrismann, Otfried; Gerlach, U. H.; Häntzel, G.; Knebel, H.; Thomsen, H. (Hrsg.): Friedrich *Hebbel. Briefwechsel 1829–1863. Historisch-kritische Ausgabe in 5 Bänden, Wesselburer Ausgabe*. München: judicium verlag, 1999.

Goethe, Johann Wolfgang von: *Gesammelte Werke*. Hamburger Ausgabe. Bd. 1. Hamburg: Wegener, 1948.

Hebbel, Friedrich: *Sämtliche Werke*. Historisch-kritische Ausgabe. Besorgt von Richard Maria Werner. Abt. 1: Werke. Abt. 2: Tagebücher. Abt. 3: Briefe. Berlin: Behr, 1904–07.

Kluge, M. und Radler, R. (Hg.): *Hauptwerke der deutschen Literatur*. München: Kindler, 1997.

Kreuzer, Helmut (Hg.): *Friedrich Hebbel*. Darmstadt: Wissenschaftliche Buchgesellschaft, 1989 (Wege der Forschung Bd. 642).

Kroetz, Franz Xaver: *Maria Magdalena*. Hamburg: Rotbuch Verlag, 1996.

Lütkehaus, Ludger: *Friedrich Hebbel: „Maria Magdalene"*. München: W. Fink Verlag, 1983.

Matthiesen, Hayo: *Friedrich Hebbel.* Reinbek bei Hamburg: Rowohlt, 1970 (rowohlts monographien).

May, Kurt: *Hebbels „Maria Magdalena".* In: Ders.: Form und Bedeutung. Interpretationen deutscher Dichtung des 18. und 19. Jahrhunderts. Stuttgart: Klett, 1957.

Radvan, Florian: *Kommentar zu Friedrich Hebbel: Maria Magdalena.* Text und Kommentar. Frankfurt am Main: Suhrkamp Basisbibliothek 74, 2004.

Stolte, Heinz: *Friedrich Hebbel – Leben und Werk.* Husum: Husum Druck und Verlagsgesellschaft, 1977.

Wagner, H. L.: *Die Kindermörderin.* Text und Arbeitsbuch von Dr. Reinhold Klinge. Reihe: Literatur und Methode. Frankfurt am Main: Hirschgraben Verlag, 1983.

→ Hier finden sich weitere Texte zum Kindermörderinnen-Motiv.

Zum Drama:

Asmuth, Bernhard: *Einführung in die Dramenanalyse.* Stuttgart: J. B. Metzler, 2004 (6. Auflage).

Cowen, Roy C.: *Das deutsche Drama im 19. Jahrhundert.* Bd. 247. Stuttgart: Metzler, 1988.

Hinck, Walter (Hg.): *Handbuch des deutschen Dramas.* Düsseldorf: Bagel, 1980.

Rochow, Christian: *Das bürgerliche Trauerspiel.* Stuttgart: Philipp Reclam jun., 1999 (Reclams Universalbibliothek Nr. 17617).

Schößler, Franziska: *Einführung in das bürgerliche Trauerspiel und das soziale Drama.* Darmstadt: Wissenschaftliche Buchgesellschaft, 2003.

Schößler, Franziska: *Einführung in die Dramenanalyse.* Stuttgart: Metzler, 2017 (2. Auflage).

Inhaltliche Gesichtspunkte:

Fiederer, Margrit: *Geld und Besitz im bürgerlichen Trauerspiel.* Würzburg: Königshausen & Neumann, 2002.

Fourie, Regine: *Das Abgrund-Motiv in Hebbels Tagebüchern und Tragödien.* Stuttgart: Akademischer Verlag Hans Dieter Heinz, 1984 (Stuttgarter Arbeiten zur Germanistik, hg. von Ulrich Müller, Franz Hundsnurscher und Cornelius Sommer).

Grundmann, Hilmar: *Von „Weiber-Emancipation" und „echten Weibern" in Hebbels Tagebüchern und Tragödien.* Ein literaturwissenschaftlicher Beitrag zur Gender-Forschung. Band 11. Frankfurt am Main: Peter Lang, 2006.

Grundmann, Hilmar: *Tatort: Familie, Täter: Die menschliche Gesellschaft. Zu Hebbels These von der Gewalt in den zwischenmenschlichen Beziehungen als einer typischen Erscheinung moderner Massengesellschaften.* In: Häntzschel, Günter (Hg.): Alles Leben ist Raub. Aspekte der Gewalt bei Friedrich Hebbel. München: Iudicium Verlag, 1992.

Grundmann, Hilmar: *Friedrich Hebbel – In seinen Helden gebar sich der moderne Mensch oder was die Postmoderne von ihnen lernen kann.* In: Koller-Andorf, Ida und Grundmann, Hilmar (Hg.): Hebbel – Mensch und Dichter im Werk, Problemdrama und Postmoderne. Hamburg: LIT Verlag, 1998 (Schriftenreihe der Friedrich-Hebbel-Gesellschaft Wien, Bd. 6).

→ Rezensionen zu Theateraufführungen, Hebbels Dramen auf der Bühne, S. 203 ff.

Guthke, Karl S.: *Das deutsche bürgerliche Trauerspiel.* Sammlung Metzler, Band 111, Weimar: Verlag J. B. Metzler, 2006 (6. Auflage).

Häntzschel, Günter (Hg.): *„Alles Leben ist Raub". Aspekte der Gewalt bei Friedrich Hebbel.* München: Iudicium Verlag, 1992.

Hein, Edgar: *Friedrich Hebbel: „Maria Magdalena“*. München: Oldenbourg, 1989 (Oldenbourg Interpretationen).

Held, Heinz-Georg (Hg.): *Maria Magdalena. Die heilige Sünderin.* Ein Lesebuch. Die Frau in der Literatur. Frankfurt am Main: Ullstein Taschenbuch, 1988.

Ishikawa-Beyerstedt, Saeko: *Friedrich Hebbels Einfluss auf die Moderne. Seine Rezeption in dramatischen Bearbeitungen von „Judith“ bis „Die Nibelungen“*. Marburg: Tectum Verlag, 2014.

Kellner, Douglas: *Die Konstruktion postmoderner Identitäten.* In: Kuhlmann, Andreas (Hg.): Philosophische Ansichten der Kultur der Moderne. Frankfurt am Main: Lang, 1994.

Kiermeier-Debre, Joseph (Hg.): *Friedrich Hebbel: „Maria Magdalene“*. München: dtv, Bibliothek der Erstausgaben, 1997.

Kleinschmidt, Gert: *Die Person im frühen Drama Hebbels*. Lahr/ Schwarzwald: Moritz Schauenburg, 1965.

Lukács, Georg: *Neuere deutsche Literatur*, Neuwied: Luchterhand, 1963.

Luserke, Matthias: *Gewalt statt Katharsis – ein Paradigmenwechsel? Die Agonie des bürgerlichen Trauerspiels in Hebbels „Maria Magdalena“*. In: Häntzschel, Günter (Hg.): „Alles Leben ist Raub“. Aspekte der Gewalt bei Friedrich Hebbel. München: Iudicium, 1992.

Park, Eun-Sook: *Theorie, Text und Aufführungen: Untersuchungen zu Friedrich Hebbels „Maria Magdalena“*. Dissertation. Bielefeld: 1995.

Pilling, Claudia: *Hebbels Dramen*. Historisch-kritische Arbeiten zur Deutschen Literatur (hg. von Herbert Kraft), Bd. 26. Frankfurt am Main: Peter Lang, 1998.

Reinhardt, Hartmut: *Hebbels Dramatik.* In: Hinck, Walter (Hg.): Handbuch des deutschen Dramas. Düsseldorf: Bagel, 1980.

Saletta, Ester, Bandion, Wolfgang J. und Tuczay, Christa Agnes (Hg.): *Hebbel. Mensch und Dichter im Werk*. Folge 9. Friedrich Hebbels und Hermann Brochs Frauengestalten in einer Gender-Studies Richtung. Berlin: Weidler Buchverlag, 2007.

Thomsen, Hargen: *Patriarchalische Gewalt als Grundkonflikt Hebbelscher Tragik*. In: Häntzschel, Günter (Hg.): „Alles Leben ist Raub". Aspekte der Gewalt bei Friedrich Hebbel. München: Iudicium, 1992.

Wittkowski, Wolfgang: *Die Tragödien Friedrich Hebbels. Ihre Aktualität heute*. Über deutsche Dichtungen 3. Frankfurt am Main: Peter Lang, 2006.

Verfilmungen:

Maria Magdalena. BRD 1963. Regie: Rudolf Noelte.

Maria Magdalena. BRD 1973. Regie: Franz Xaver Kroetz.

Maria Magdalena. D 1993. Regie: Peter Schaffer. Inszenierung: Antje Lenkeit.

→ Aufzeichnung der Aufführung des Stadttheaters Konstanz.

Internet-Adressen (Stand Mai 2018):

http://www.hebbel-museum.de

→ Informationen über das Museum in Wesselburen, die Bibliothek, das Dichterleben, die Biografie und die Werke Hebbels.

http://www.hebbel-gesellschaft.de

→ Die Hebbel-Gesellschaft kümmert sich um die Erschließung und Erforschung von Hebbels Werken, seiner Gedankenwelt, seiner Biografie und seiner Zeit.

http://gutenberg.spiegel.de/autor/christian-friedrich-hebbel-250

→ Informationen zu Hebbel und großer Fundus seiner Werke im Volltext.

STICHWORTVERZEICHNIS

KÖNIGS LERNHILFEN

Interpretationen in Hülle und Fülle

- Thematisch zusammengefasste Einheiten
- Die am häufigsten in der Schule gelesenen Texte
- mit Texten und Musterinterpretationen
- Von Lehrern und Literaturwissenschaftlern verfasst

Beliebte Gedichte interpretiert
9.–12./13. Klasse
ISBN: 978-3-8044-1204-0

Beliebte Balladen interpretiert
9.–12./13.Klasse
ISBN: 978-3-8044-1477-8

Beliebte Kurzgeschichten interpretiert
9.–12./13. Klasse
ISBN: 978-3-8044-1205-7